Lukas Tobler

Überwinde deine Grenzen!
Verändere dich bewusst und befreie dich.

Lukas Tobler

Überwinde deine Grenzen!

Verändere dich bewusst und befreie dich.

Rediroma-Verlag

Bibliografische Information der Deutschen Nationalbibliothek:
Die Deutsche Nationalbibliothek verzeichnet diese Publikation in der Deutschen Nationalbibliografie; detaillierte bibliografische Daten sind im Internet über http://portal.dnb.de abrufbar.

ISBN 978-3-96103-439-0

www.rediroma-verlag.de
9,90 Euro (D)

Dieses Buch widme ich allen Überfliegern, die trotz Rückschlägen nicht aufgeben, weiter an sich und das Gute im Leben glauben, in jeder Hinsicht persönliche Exzellenz anstreben, unbeirrt mutige, ehrliche Schritte für die Realisierung ihrer wohlwollenden Visionen unternehmen und dadurch ihre Mitmenschen unterstützen und inspirieren.

Sie erinnern uns, dass Großartigkeit in allen von uns steckt und dass wir beginnen können, sie immer mehr zum Ausdruck zu bringen, indem wir jeden Tag voller Freude und Dankbarkeit leben, mutig handeln und zu einer noch besseren Person werden.

Es ist mir ein grosses Anliegen, dir mit dem Inhalt dieses Buches wichtige Impulse für die tägliche Entfaltung *deiner* Grossartigkeit zu geben. Lies das Buch mit einem offenen Geist und vor allem, lass dich nicht von der Ausrede „Das weiss ich schon." davon abhalten, den Inhalt in dein Leben zu integrieren, indem du die Aussagen am Ende der Kapitel mit deinen eigenen Wahrheiten und Erkenntnissen schriftlich ergänzt.

Stimmen zum Buch

"Dieses Buch ist maximal inspirierend, einmal angefangen legt man es nicht mehr aus der Hand. Lukas ist es gelungen, einen Themenkreis, der gut und gerne 10 Bücher füllen könnte, auf wichtige Schwerpunkte für die Entwicklungsmöglichkeiten eines jeden Menschen zu konzentrieren. Am Ende der Lektüre muss man damit rechnen, dass sich grundlegende Dinge in seinem Leben verändern werden werden."

„There are times when things don't lay the way they're supposed to lay. But regardless, you're supposed to hold your head up high and walk tall." Cannonball Adderley 1967

Prof. Dr. med. Wolfgang Heyl, Ärztlicher Direktor der Frauenklinik Ludwigsburg

"Spannend wie sich Lukas dem Thema nähert. Anfangs leicht schockierend, was der Auslöser war, um seine Grenzen zu überwinden. Je tiefer man in das Buch einliest, desto klarer wird der Weg dorthin. Aufgeben tut man einen Brief, aber nie den Glauben an ein Ziel. Klar und deutlich gibt er Tipps, wie der Ausgangspunkt definiert werden kann und ergänzt um sehr nützliche Tipps, wie der Weg erfolgreich zu Ende gegangen werden kann. Mein Fazit: Nützlicher Ratgeber, kurz und knackig auf den Punkt gebracht, gutes Arbeitsbuch zur Selbstreflexion. Ratgeber für (un)zufriedene Lebenslagen."

Dr. Wolfgang Frick, Vorstand Einkauf und Marketing, Speaker und Buchautor, www.lust-am-entscheiden.eu

„Kleine Einstiegshilfe in ein uns täglich begegnendes Phänomen: Veränderung muss nur von einem selbst ausgehen. Nur wer den Mut für den ersten Schritt hat, kann auch am Ziel ankommen."

Marion Wenning, 38 Jahre, Unternehmerin und zweifache Mutter

„Lukas schreibt Klartext. Eine Wohltat nach den vielen Ratgebern, die uns weismachen wollen, dass Erfüllung und Zufriedenheit sog. „low hanging fruits" seien, die man im Vorbeigehen ohne Anstrengung pflücken kann. Sehr authentisch und am eigenen ergreifenden Beispiel macht er äußerst glaubwürdig deutlich, dass es immer eigener Anstrengungen bedarf, seinem Leben eine neue kraftvolle Richtung zu geben. Eine zunächst vermeintlich unbequeme Botschaft. Die Früchte, die man aber dann ernten darf, sind von besonderer Güte. Ein Buch, das durch Klarheit, Eindringlichkeit und Lebensnähe einnimmt. So kann es jedem von uns gelingen, „mehr aus seinem Leben zu machen". Jeder kann mit einem solchen Perspektivenwechsel sich neu aus- und aufrichten. Um mit Lukas Worten zu sprechen: Packen wir es an! Danke, Lukas, für Deinen so ehrlichen und wahrhaftigen Ratgeber. Allen eine erfüllende und erhellende Lektüre.

Peter M. Hache, Präsident Marketing Club Nürnberg, langjähriger Senior Executive Unilever, Unternehmer

“Dieses Buch hat mich erreicht! Ich bin mir sicher, es dient jeder Person, ganz egal wo sie sich in ihrer Entwicklung befindet, als Wegbegleiter und Impuls, über sein Leben zu bestimmen und die Verantwortung selber in die Hand zu nehmen. Ich weiss jetzt, was zu tun ist und tue es.”

Dana Maiterth, Fotografin und Make-up Artist, www.danamai.de

“Das Buch ist ein guter Leitfaden für Menschen, die bewussten Veränderungen gegenüber offen sind und sich von alten Verhaltens- und Denkmustern befreien wollen.”

Hülya Adiyaman, Head of Sales & Marketing

“Dieses Buch ist eine Bereicherung für jeden Menschen. Wir tendieren in verschiedenen Lebenssituationen oftmals dazu, nur das sehen zu wollen, was sich auf dem Teller befindet. Lukas gelingt es auf einfache Weise, innert kürzester Zeit die Sichtweise zu verändern und uns über den eigenen Tellerrand hinausblicken zu lassen. Das eröffnet neue Horizonte und gibt Kraft und Mut, sein Leben bewusst neu zu gestalten.”

Charlotte Wüst, Reconnective Healing Practitioner

„Ich wünsche mir, dieses Buch würde jeder Persönlichkeit zur Verfügung stehen, die etwas erreichen möchte. Lukas hat ein wirklich komplexes Thema in einfachen Worten für die (persönliche) Entwicklung niedergeschrieben. Worte, die essentiell sind und die Substanz im Menschen fordern und fördern.“

Ulrike Trapp, dipl. Betriebswirtin, Trapp Networks, www.trapp-networks.com

Inhaltsverzeichnis

Kapitel 1

Warum Veränderungen oft schwerfallen

Sich verändern bedeutet Grenzen zu überwinden. Jede Veränderung, ob bewusst gewählt oder unerwartet eingetreten, ist eine Herausforderung. Wir können uns entscheiden, sie anzunehmen oder uns dagegen zu wehren. Widerstand macht die Veränderung zum Problem. Auch wenn wir uns einer solchen Herausforderung nicht gewachsen fühlen, sie würde nicht hier sein, wenn wir sie nicht meistern könnten. Die richtige Entscheidung ist, die Herausforderung anzunehmen. Schreibe es auf und erinnere dich immer wieder daran: "Ich kann diese Grenze überwinden. Ich bin dieser Veränderung gewachsen. Und ich nehme diese Herausforderung mit einem offenen Herz an!"

Das Geheimnis der Veränderung ist also, die Energie nicht auf die Bekämpfung des Alten zu legen, sondern auf den Aufbau des Neuen.[1] Das ist oft leichter gesagt als getan, denn mit dem Alten verknüpfen wir gerne ein Gefühl von Kontrolle und Sicherheit. Dabei spielt es keine Rolle, ob das Alte gut oder schlecht ist. Für den menschlichen Verstand ist es bekannt und daher *berechenbar.*

Dieses bequeme, berechenbare Leben bedeutet keineswegs die volle Kontrolle über alles zu haben, was geschieht, sondern ein Dasein fern von tiefer Erfüllung. Viele Menschen leben nicht, sondern sie funktionieren – für andere –, weil sie glauben, es tun zu müssen und sie keine andere Wahl haben. Doch fehlen ihnen wirklich die Möglichkeiten?

Ihre Herzenswünsche tragen sie in sich, doch anstatt ihnen nachzugehen, finden sie Ausreden, warum sie nicht können. Das berechenbare Leben *gaukelt* ihnen Sicherheit und Kontrolle *vor.* Dabei ermöglicht es ihnen nicht annähernd, in ihre wahre Kraft zu kommen. Und doch haben sich viele mit dieser emotionalen Flachlinie abgefunden. Es sei halt nicht für sie bestimmt. Man könne nicht alles haben im Leben. Erfolg mache ohnehin nicht glücklicher. Hast du solche Sprüche schon einmal gehört? Sie sind die Lockvögel des bequemen, berechenbaren Lebens.

Lass uns diese wichtige Frage aufgreifen. Macht das berechenbare Leben Menschen wirklich glücklich? Schauen wir uns um. Was ist die Tagesordnung? Strahlende, lebensfrohe, inspirierte Menschen? Wenige ja. Und was ist mit dem Rest? Ist es wirklich so, dass das bewusst lebendige Leben nur für ein paar wenige Menschen bestimmt ist? Ist es wirklich so, dass Erfüllung und Zufriedenheit reine Glückssache sind?

Ist es wirklich so, dass gedämpfte Freude die Norm des menschlichen Daseins widerspiegelt? Beobachten wir den grossen Rest, liegt es nahe zu glauben, dass es tatsächlich so sei.

Aber das kann nicht sein! Wie absurd wäre es, wenn das Universum mit all seiner Fülle und Schönheit lediglich einen Bruchteil davon an uns Menschen weitergibt? Es wäre zutiefst menschenverachtend. In Wirklichkeit sind wir nicht getrennt von der Fülle und Schönheit, die uns umgibt. Und doch scheint eine Art gefühlte Trennung vorhanden zu sein. Wie gelingt es uns, uns zu verändern? Wie können wir uns selber zum Ausdruck bringen und endlich mehr Erfüllung und Zufriedenheit fühlen? Wir müssen einen **Schlussstrich** ziehen. Einen Schlussstrich zu ziehen bedeutet, ihn so zu behandeln, als gäbe es tatsächlich kein Zurück – sowohl gedanklich wie vom Handeln her.

Wir müssen die *Entscheidung* treffen, neue Wege zu beschreiten, Altes hinter uns zu lassen und neue persönliche Standards zu definieren. Diese nächste Daseinsebene ist nicht weniger realistisch wie die jetzigen Umstände. Aber sie kommt nicht von alleine. Wir müssen uns für unsere Größe und Ziele entschliessen, als gäbe es kein Morgen. Wir müssen aufhören, Selbstzweifel und Negativität zu tolerieren. Wir müssen *klarer* und *mutiger* denn je handeln. Wir müssen an uns und unsere Ziele *glauben* und unbeirrt darauf *hinarbeiten*. Darum sind wir hier.

In der heutigen Gesellschaft hat sich die Meinung verbreitet, dass man gar nichts muss. Doch auch diese Entscheidung hat Konsequenzen, denn wer morgens nicht voller Energie und Freude aufwacht, ist so gut wie tot. Dann stellt sich kaum jemand die Frage: "*Muss* ich mich wirklich beschweren, Ausreden finden, kritisieren und meinen Frust an anderen auslassen?" Das klingt provokativ, doch im Innersten wissen wir alle, es ist wahr.

Sind Veränderungen und neue Wege tatsächlich schwerer als die fehlende Genugtuung des berechenbaren Lebens? Ist das Aneignen neuer Gewohnheiten tatsächlich mühseliger als die Konsequenzen, die durch negative Denk- und Verhaltensmuster entstehen? Was erwartet uns auf der anderen Seite mutiger Veränderungen?

Die Rede ist von einem Leben, das durch ein langanhaltendes Energiehoch, Enthusiasmus und Freude gekennzeichnet ist. Ein Leben, das nicht nur aus irgendwelchen Aufgabenlisten besteht, sondern dem Leben der eigenen Vision. Ein Leben, das der eigenen Wahrheit entspricht, die wir alle in unseren Herzen tragen.

Auf dieses Leben haben wir alle Anspruch – weil wir existieren –, doch nur die Mutigen machen es sich zu eigen. Mutige Veränderungen zu wagen bedeutet, neue Wege zu gehen und sich Selbstzweifeln, Ängsten und Hindernissen zu stellen, die andere kleinlaut mit der Ausrede "Ich muss gar nichts" hinnehmen.

Eine Veränderung beginnt mit einem Schlussstrich, den wir ziehen und so behandeln, als gäbe es kein Zurück gefolgt von der Entscheidung, Altes loszulassen, uns für neue Wege und Perspektiven zu öffnen und unsere persönlichen Standards zu erhöhen.

Ergänze die folgende Aussage.

Ich ziehe einen Schlussstrich unter die folgende Sache und fasse den Mut für diese Veränderung:

Kapitel 2

Wenn sich alles verändert

Endlich ist es soweit. Ich kann meine Aufenthaltsbewilligung und meine Green Card auf der amerikanischen Botschaft in Bern abholen. Wir fahren mit der Bahn in die Schweizer Hauptstadt und warten stundenlang, bis wir endlich aufgerufen werden. Es fühlt sich an wie ein Befreiungsschlag. Beinahe so, als hätte man mir das Ticket in die Freiheit überreicht. Nach unserem Aufenthalt in Bern steigen wir wieder in den Zug und nehmen im oberen Teil Platz. Es ist ein doppelstöckiger Schnellzug, der ohne Halt von Bern nach Zürich fährt. Und dann passiert auf halber Strecke etwas, was mein gesamtes Leben auf den Kopf stellt.

Es ist wirklich ein unglaublicher Wandel und von da an habe ich das Leben nie mehr mit denselben Augen betrachtet.

“Irgendetwas stimmt nicht mit mir. Ich kriege keine Luft und meine Arme sind taub”, sage ich völlig außer mir zu meiner damaligen Frau. Sie schaut mich besorgt an und ich wiederhole: ”Ich spüre meine Arme nicht und ich kriege keine Luft.”

Es ist so, als ob die Welt um mich herum plötzlich mit einem weiß-grauen Schleier versehen wurde. Alles was ich wahrnehme sind meine Atemprobleme und dass ich meine Arme nicht mehr spüre. In diesem Augenblick weiß ich nur, dass ich so etwas noch nie erlebt habe und aus meiner Sicht ist es nichts Gutes. Ich atme immer heftiger und beginne zu hyperventilieren. Das bekommen natürlich auch die anderen Fahrgäste mit. Es kommen verschiedene Personen vorbei und versuchen mir zu helfen. Zuerst der Schaffner. Und dann höre ich weit entfernt seine Durchsage: "Gibt es einen Arzt oder eine Krankenschwester an Bord?"

Kurz darauf kommt eine Frau, die wohl auf den Aufruf reagierte. Sie stellt mir einige Fragen, auf die ich nur bedingt antworte. Ich ringe nach Luft und bin wie gefangen in mir.

Dann folgt eine weitere Durchsage: "Sehr geehrte Fahrgäste, aufgrund eines Notfalls werden wir unplanmäßig in Aarau halten."

Im Delirium verlasse ich den Zug und keuche wie wild. Der Schaffner hat bereits eine Ambulanz bestellt. Mit Blaulicht werde ich ins Aarauer Kantonsspital gefahren, wo ich schon erwartet werde. Sofort nehmen sie mir Blut ab und geben mir irgendwelche Beruhigungsmittel. Ich fühle mich verloren und habe große Angst. Über eine Stunde warte ich auf den Arztbericht. Und dann folgt er endlich. "Herr Tobler", klärt mich der leitende Arzt auf, "Sie sind gesund. Wir haben soeben das Ergebnis Ihrer Blutanalyse erhalten und alle Werte sind im grünen Bereich. Damit können wir auch unseren Erstverdacht auf einen Herzinfarkt ausschließen. Sie dürfen wieder nach Hause gehen."

Auf der einen Seite bin ich erleichtert, aber auf der anderen Seite hat sich meine Situation dadurch in keiner Weise verändert. Durch die Beruhigungsmittel erlebe ich meine Atemprobleme zwar nicht mehr so gravierend wie in der Bahn, doch noch immer fühle ich mich völlig fremd in meinem Körper. Ich habe Angst, dass ich jede Sekunde gelähmt bin oder tot umfalle.

Und dann geschieht es erneut. Ich beginne zu hyperventilieren und habe wie im Zug das Gefühl, dass mich etwas außerhalb von mir aus meinem Leben reißen möchte. Ich bin mir sicher, dass sich die Ärzte geirrt haben müssen und denke mir "Ich bin nicht gesund".

Und so gehe ich zurück ins Krankenhaus, doch weiter als zum Empfang komme ich nicht. "Herr Tobler", klärt mich die Empfangsdame auf, "bitte vertrauen Sie auf die Diagnose der Ärzte. Ihnen fehlt nichts. Ich kann Ihnen aber gerne eine weitere Packung Antidepressiva mit auf den Weg geben." Bei vollem Bewusstsein hätte ich dieser Frau wahrscheinlich meine Meinung gesagt, aber ich fühle mich in diesem Augenblick zu hilflos.

Natürlich kann die Empfangsdame nichts dafür. Sie arbeitet wie die meisten anderen in einem System, das von der Angst der Menschen profitiert und damit Milliarden verdient. Das politische System, in dem wir leben, möchte nicht, dass wir gesund, glücklich und erfolgreich sind, denn damit wäre die Einkommensquelle gewisser einflussreicher Drahtzieher gefährdet.

Die Heimreise in der Bahn ist der Horror. Das Schlimme ist, dass ich immer noch nicht weiss, was mit mir geschieht. An diesem Tag wurde in meinem Leben ein Schalter umgelegt. Auf einmal zweifle ich stark an mir selbst und erkenne keinen Ausweg. Die Attacken wiederholen sich beinahe stündlich und verzweifelt suche ich meinen Hausarzt auf. Er ist ein älteres Semester und raucht wie ein Schlot. Dennoch hängt er seinen Sportarzt-Titel an die große Glocke. "Was ist los mit Ihnen Herr Tobler?", fragt er mich uninteressiert.

Ich erzähle ihm vom Vorfall, worauf er mich anschaut und höhnisch bemerkt: "Herr Tobler, das ist ein klassisches Thoracic Outlet Syndrome. Sie müssen aufhören mit dem Bankdrücken." Bankdrücken ist eine Kraftübung, die ich während meiner Sportlerkarriere sehr intensiv machte. Dabei liegt man rücklings auf einer Bank und drückt auf Höhe der Brust eine Stange mit Gewichten hoch und runter. Er sagt mir, dass das Thoracic Outlet Syndrome weit verbreitet sei im Kraftsport. Dabei können im Bereich des Schlüsselbeins Nerven oder Blutgefäße eingeklemmt werden, was zu einem Taubheitsgefühl in den Armen führen kann. Als mein Hausarzt fertig ist mit seiner Erklärung, schaue ich ihn unglaubwürdig an und bin angeekelt von seinem abscheulichen Zigarettengeruch. Ich weiss, dass dies nicht die Ursache meines Problems ist, verabschiede mich und beschließe, dass dies mein letzter Besuch bei ihm war.

Die Auswirkungen auf meinen Alltag sind sehr gravierend. Ich komme mir vor wie ein kleines Kind, das sich mit einem erwachsenen Sumo Ringer anlegt: total hilflos, bedroht und gelähmt vor Angst, dass ich in jeder Sekunde tot umfallen könnte.

Doch es gibt noch ein weitaus größeres Problem: unsere Reise nach Amerika. Mir wird immer klarer, dass ich in diesem Zustand nicht fliegen kann. Und ganz ehrlich will ich es auch nicht, denn alleine die Vorstellung, 10 Stunden in 12 Tausend Metern Höhe in einem engen Rumpf zu sitzen, löst panische Ängste in mir aus. Die Entscheidung ist schwierig, aber für mich der einzige Ausweg. Wir brechen unsere Reise ab.

“Du machst Sachen. Ich bin sehr enttäuscht von dir.” Die Worte meines Vaters während des Einpackens unserer Sachen sagen alles. Da wir unsere Wohnung am alten Wohnort bereits gekündigt haben und nach

Amerika auszuwandern außer Betracht ist, bleibt uns nur eine Möglichkeit: in die große Wohnung meiner Eltern einzuziehen. Das ist für niemanden ein leichter Schritt.

Irgendwie schaffe ich die eineinhalbstündige Bahnreise durch viele Tunnels und komme in der Elternwohnung an. Und dort beginnt erst die richtige Herausforderung.

Die Stimmung ist getrübt und meine Mutter ist ebenso wenig begeistert von der Situation wie mein Vater. Sie verzichtet zwar auf eine weitere Moralpredigt, doch unterstreicht ihren Standpunkt, indem sie verzweifelt weint. Es gibt in diesem Augenblick nichts, was meine eigene Ohnmacht toppen könnte. Ich bin am Ende. Gleichzeitig frage ich mich, wie es soweit kommen konnte, dass ich mit 25 Jahren wieder bei meinen Eltern einziehen muss statt wie geplant ein neues Leben in Amerika zu beginnen. Das war im Juni 2005.

Mein emotionaler Tiefpunkt dauerte sieben Monate lang und nach rund vier Monaten begann ich aufzugeben. Ich fragte mich, wie ich so noch ein weiteres Jahr überleben soll. Die Antwort war eindeutig: Ich weiss es nicht. Der verschwommene Horizont, dem ich entgegen blickte war blass und leer. Suizidale Gedanken wurden wach. Doch zum Glück hörte ich auf eine andere Stimme, die mir sagte, dass es Zeit ist nach innen zu schauen. Das schien anfänglich eine Sache der Unmöglichkeit, doch wie sich herausstellte, war es meine Rettung.

Als ich eines Nachts nach Atem ringend aufwachte und zum abertausendsten Mal dachte, jetzt hätte meine letzte Stunde geschlagen, gab ich auf: "Wenn das meine Zeit ist zu gehen, dann nehmt mich jetzt nach Hause." Was danach passierte war erstaunlich: Meine verkrampften Muskeln entspannten sich, mein Puls normalisierte sich und ich konnte wieder frei atmen. Damals wusste ich nicht, was mit mir passierte, doch mir war klar, dass ich es irgendwann verstehen und die daraus gewonnenen Erkenntnisse an andere Menschen weitergeben werde.

Seither sind viele Jahre vergangen und ich habe weitere Rückschläge erlebt. Das hat mich aber nicht davon abgehalten, an meine Vision zu glauben und weiter meinem inneren Gefühl zu folgen. Unfälle, Rückschläge und unerwartete Ereignisse sind tragisch und sie passieren in allen Altersgruppen und sozioökonomischen Schichten und ergeben objektiv betrachtet oft keinen Sinn. Warum er? Warum sie? Warum ausgerechnet ich? Diese Fragen sind verständlich, führen aber kaum jemals zum Ziel. Denn entscheidend ist nicht der Inhalt eines Rückschlags, sondern *wie wir damit umgehen und vor allem, wie wir danach weitergehen.*

Ich habe erkannt, dass uns Rückschläge an die Großartigkeit erinnern, die in uns allen steckt und die jeder Mensch immer mehr zum Ausdruck bringen kann, indem er jeden Tag unabhängig von äußeren Umständen voller Freude und Dankbarkeit lebt, mutig handelt und sich zu einer noch besseren Person entwickelt.

Tiefschläge und herausfordernde Zeiten durchleben wir alle. Entscheidend ist nicht der Inhalt eines Rückschlags, sondern wie wir damit umgehen und vor allem, wie wir uns danach verhalten. Wir können geschlagen aufgeben oder weiter an das Gute glauben und unbeirrt unseren Herzenswünschen folgen. Das Leben meint es gut mit uns.

Mache dir Gedanken und ergänze diese Aussage:

Ein Rückschlag, den ich bis jetzt noch nicht verstehen kann, aber der mir wichtige Erkenntnisse liefern könnte, ist:

Wenn ich meine Erkenntnisse erahnen müsste, wären es diese:

Kapitel 3

Die Orientierungslosigkeit kommt zuerst

Wenn sich das Leben kopfüber dreht, passiert dies meistens nicht ohne Vorwarnung. Diese Aussage bietet viel Raum für Kritik, so dass wir etwas tiefer bohren. Das heutige Leben ist rasant, vernetzt und reich an unzähligen Möglichkeiten. Was dabei gerne auf der Strecke bleibt ist die *Gegenwart*. Viele Menschen leben in der Vergangenheit oder verpassen den Moment in der Erwartung einer besseren Zukunft. Sie sind orientierungslos – dieser verwirrte Zustand beginnt oft Jahre, wenn nicht sogar Jahrzehnte vor dem eigentlich Knall. Die Lebensumstände, die körperliche Verfassung oder emotionale Unausgeglichenheit sind Zeugen der Schieflage, in die sie immer mehr hineingleiten. Stattdessen werden äußere Umstände wie die unerfüllte Beziehung, der Mangel an Geld oder Zeit, die widrigen Umstände, das Alter oder die hohen Anforderungen am Arbeitsplatz verantwortlich gemacht.

Die wahren Gründe werden wie tote Insekten von der Lebensscheibe gewischt. Wohin? In die Tiefen des Unterbewusstseins. Im Gegensatz zur Autoscheibe finden entgegen fliegende Stressoren beim Aufprall mit dem Leben nicht ihren sicheren Tod, sondern sie existieren unbewusst weiter. Es sind die Vorboten, die still unter den Teppich gekehrt werden in der Hoffnung, dass es damit getan ist. Doch dann fliegen sie uns irgendwann in einer Explosion unsanft um die Ohren. Das Leben steht Kopf und mit ihm der eigene Horizont.

Was soll ich lernen? Wohin soll ich streben? Was ist der Sinn meines Lebens? Diese Fragen können wir nur für uns selbst beantworten und sie geben gleichzeitig die Richtung vor. Wenn du der Überzeugung bist, dass der Grund für die vielen Rückschläge im Leben im Erlernen von mehr Geduld, Mut und Selbstvertrauen liegt, richtest du dein Leben danach. Wenn du hingegen glaubst, dass es dein Schicksal ist, leiden zu müssen, wird dir das Leben gleichermaßen als Spiegel dienen.

Dein Leben ist nicht getrennt von dir. Alles, was du bist, widerspiegelt sich in deinem Leben. Alles, was du nicht bist, fehlt in deinem Leben.

Orientierung und Klarheit sind ebenso wie die Definition deines Lebenssinns *Entscheidungen*. In einer Welt, in der sich viele Menschen getrennt und als Opfer fühlen, scheint eine solche Aussage bei den Haaren herbei gerissen. Doch in der Tat kann sie nicht genug wiederholt werden. Es sind nicht widrige Umstände, die unsere Orientierung und den Sinn fürs Leben rauben. Es ist die fehlende Klarheit, die Raum fürs Drama schafft.

Der richtige Umgang mit Rückschlägen ist entscheidend.

Nicht alle Menschen gehen gleich mit Rückschlägen um. Die Unterschiede sind bemerkenswert und *erlernbar*. Für viele ist ein Rückschlag ein Synonym für eine Niederlage, ein Schicksalsschlag oder ein Fehler. Unter dem Strich etwas Unerwünschtes. Diese Sichtweise passt zur Weltauffassung, dass das Leben getrennt von uns existiert und die Menschheit Opfer äußerer Einflüsse ist. In diesem beschränkten Weltbild kämpfen Menschen um ihren Vorteile und leisten Widerstand gegen Dinge, die nicht in ihr Raster passen.

Die erfolgreichsten Menschen sehen Rückschläge aus einem völlig anderen Blickwinkel. Nicht das Drama, sondern die Möglichkeiten bilden das Epizentrum ihres Lebens. An dieser Stelle sei gesagt, dass die Art und Weise, wie du Rückschläge siehst, wesentlich beteiligt ist an der Richtung, die du während und nach einer solchen Herausforderung einschlägst. Die Gnade des Lebens sieht es nicht vor, aus heiterem Himmel einen Schlussstrich zu ziehen, sondern diesen Schlussstrich dürfen wir selber ziehen. Was und wie lange wir etwas lernen sollen, wird nicht vorgeschrieben, sondern unterliegt der *Energie*, die wir ins Leben tragen.

Deine Energie kannst du in jeder Situation zum Besseren wenden. Das bedeutet Arbeit, aber sie steht in keinem Verhältnis mit dem Aufwand, der ein dramatisches Leben mit sich bringt. Wir werden später Möglichkeiten betrachten, durch die du deine persönliche Energie drastisch erhöhen kannst.

Deine Situation ist kein Einzelfall

Es klingt taktlos, doch die Situation, die du erlebst ist kein Einzelfall. Im Sturm des Dramas vergessen wir leicht, dass es in diesem Augenblick anderen Menschen genauso – oder sogar noch ärger – ergeht. Das soll das Ausmaß deiner Situation in keiner Weise schmälern, sondern deinen Horizont weiten. Auch ich musste diese Worte während meinem Tiefschlag hören und so sehr sie mich trafen, sie haben mir Hoffnung gemacht.

Die Spuren, die Rückschläge im Leben hinterlassen können – sei es, dass es zur Trennung einer Beziehung, zu einem Unfall oder zu finanziellen Ausfällen kommt –, sind oft gravierend und nicht nur für die Betroffenen, sondern auch deren Umfeld herausfordernd. Weder Schuldgefühle, Schuldzuweisungen noch der Wunsch, dass es anders gekommen wäre, können in solchen Momenten das Geschehene ungeschehen machen. Was das Ganze hingegen noch schlimmer macht, ist das Gefühl, diese schwierige Zeit alleine durchstehen zu müssen. Das Gefühl der Isolation und Getrenntheit ist im Irrglauben verwurzelt, dass uns niemand versteht und unsere Situation ein Einzelfall und die schlimmste Angelegenheit der Welt sei. Es ist das Selbstmitleid, das uns erblinden und die vielen neuen Türen, die uns das Leben in dieser herausfordernden Zeit aufschließt, übersehen lässt.

Im Wissen, dass uns ein erlebter Rückschlag durchaus hart treffen, aber niemals vom Ursprung des Lebens trennen kann, können wir unsere Perspektive verändern und neu beginnen.

Die Situation, die du erlebst ist kein Einzelfall. Was und wie lange du etwas lernen sollst, wird nicht vorgeschrieben, sondern unterliegt der Energie, die du ins Leben trägst.

Ergänze.

Diesen Rückschlag könnte ich aus einer neuen Perspektive betrachten, die wie folgt aussieht:

Kapitel 4

Verschaffe dir einen Überblick

Im bestmöglichen Fall führst du ein bewusst lebendiges Leben und füllst deine Tage mit Inhalten, die dich zutiefst erfüllen und deine Selbstverwirklichung unterstreichen. Du bist voller Energie, Lebenslust und Begeisterung. Du hast keine Existenzängste. Und du zeigst keine Anzeichen von Stress oder Burnout. Für manchen Außenstehenden mag dein Leben wie ein Hollywood-Märchen klingen.

Im schlimmsten aller möglichen Fälle hat dein Leben für dich keinen wirklichen Sinn mehr, weil du generell Dingen nachgehst, die dir keine Freude bereiten oder dich auslaugen. Dein Umfeld ist geprägt von Menschen, die häufig unzufrieden und undankbar sind und selber nicht wissen, was sie mit ihrem Leben anstellen möchten. Du selbst fühlst dich ausgebrannt oder gestresst. Du stehst unter Druck und fragst dich, wie es weitergehen soll. Bis zum Burnout ist es nur noch ein kleiner Schritt. Vielleicht machen sich bei dir auch eine starke Unzufriedenheit und die Frage “Ist das alles, was das Leben zu bieten hat?” bemerkbar. Ja, so stellt man sich die Hölle vor.

Die meisten Menschen werden sich irgendwo zwischen diesen beiden Polen einordnen. Ob du dich näher an der Idealvorstellung deines Lebens oder näher am Schreckens-Szenario siehst, das hängt stark von deinen eigenen Überzeugungen, deinen Glaubenssätzen und deinen Gedanken ab. Selbstverständlich möchtest du wie jeder Mensch ein erfülltes Leben umgeben von zufriedenen Mitmenschen führen und dabei dein Potenzial zum Ausdruck bringen. Und weißt du, was dir bei der Umsetzung hauptsächlich im Weg steht? Dein eigener Verstand! Denn je nachdem, ob du dich mit Gedanken des Mangels oder mit Gedanken der Fülle beschäftigst, betrachtest du deine eigene Situation entweder voller *Möglichkeiten* und *Chancen* oder aber voller Unsicherheiten und Hindernissen.

Rundum erfolgreiche Menschen, die eine erfüllende Tätigkeit ausüben, die also aus einem Bewusstsein der Fülle heraus handeln, haben eine gläserne Klarheit, wohin sie sich im Leben entwickeln möchten. Es beginnt damit, dass du einen *Überblick* über dein Leben gewinnst. Überblick verstehe ich nicht nur als Gewinn von Klarheit, sondern als Blick aus einer höheren Perspektive. Sie beginnt mit deiner inneren Haltung, denn deine innere Ausrichtung bestimmt deinen Erfolg. Erfolgreiche Menschen richten ihren Fokus laserscharf auf ihre Vision statt auf die Realität.
Was bedeutet das?

Erfolgreiche Menschen verneinen keineswegs die jetzigen Umstände, doch sie richten ihren Fokus, mitunter unbewusst, auch in schwierigen Zeiten stets auf ihr angestrebtes Ziel. Selbst wenn ein Monat einmal nicht wie erwartet läuft oder sich andere kritisch über ihre Vorhaben äußern, verlieren sie ihre Ziele nie aus den Augen. Weniger erfolgreiche Menschen dagegen haben ihren Fokus ausschließlich auf die aktuelle Situation und was daran nicht gut ist, gerichtet. Sie werden so immer wieder die gleichen Ergebnisse erzielen. Denn ihre Situation haben sie durch bewusste wie unbewusste Überzeugungen und daraus resultierende Handlungen selbst herbeigeführt. So lange, wie sie ihre innere Ausrichtung nicht verändern und sie sich über ihre momentane Realität den Kopf zerbrechen, sorgen sie selbst für eine ständige Wiederholung ihrer Ergebnisse. Im Gespräch hören wir dann immer wieder Aussagen wie „Ich kann nichts dafür, dass....“, „Ich würde ja gerne, aber“, „Das Leben hat es auf mich abgesehen“ oder „Ich fühle mich ausgebrannt“.

Ein Sprichwort besagt, dass jede Reise mit dem ersten Schritt beginnt. In der Tat beginnt jede Reise auch damit, seinen Standpunkt genau zu kennen. Die Bestimmung deines Standortes ist unverzichtbar, damit dein Weg hin zum rundum Erfolg führt.

Darum beantworte diese Fragen und trage deine Antworten hier ein:

Wo ich jetzt gerade stehe mit meinem Leben, ist:

Bereiche, mit denen ich rundum zufrieden bin und denke, sie könnten gar nicht besser sein, beinhalten:

Bereiche, mit denen ich so einigermaßen zufrieden bin und gerne einiges verändern würde, sind:

Lebensbereiche, mit denen ich so unzufrieden bin, dass ich gar nicht weiß, wo ich mit den Veränderungen beginnen soll, umfassen:

Zwei unterschiedliche innere Haltungen

Schauen wir uns die unterschiedlichen Denkweisen von erfolgreichen und weniger erfolgreichen Menschen an einem Beispiel an. Wir alle können in die Situation kommen, dass sich das Leben nicht wie erwartet entwickelt. Wie antworten Menschen, die ihren Fokus ausschließlich auf die aktuelle Situation richten, auf die Frage, wie ihr Leben läuft? Sie antworten gerne „Ich habe einfach kein Glück“. Diese Haltung führt leicht zu weiteren destruktiven Gedankenmustern und Zweifeln wie „Ich verstehe nicht, warum mir immer solche Schicksalsschläge passieren“ oder „Was mache ich falsch?“. Wie gehen dagegen Menschen mit einer laserscharfen Ausrichtung auf ihre Vision mit der gleichen Situation um? Sie antworten auf die Frage, wie ihr Leben läuft, etwa so: „Im Moment durchlebe ich gerade eine herausfordernde Phase. Doch ich bin mir sicher, dass sich das bald ändern wird.“ Sie zerbrechen sich nicht den Kopf, *warum* sie in diese Situation geraten sind, noch verlieren sie sich im Drama ihrer momentanen Umstände.

Stattdessen stellen sie sich die Frage: „Was will mir dieser Umstand zeigen und was kann ich dagegen *unternehmen*?“

Vielleicht kennst du das Modell des Quantenfeldes. Es besagt, dass alle möglichen Varianten gleichzeitig und bereits jetzt existieren. Denken wir noch einmal zurück an den bestmöglichen Fall eines bewusst lebendigen Lebens und den schlimmsten Fall eines total unerfüllten Lebens. Was hat das mit deinem Erfolg und deiner Klarheit zu tun? Hierzu möchte ich dir drei Gedanken mit auf den Weg geben.

1. Du hast bereits jetzt die Wahl.
2. Du kannst dich hier und jetzt für ein bewusst lebendiges Leben entscheiden.
3. Du kannst hier und jetzt die Entscheidung treffen, wie du dich laserscharf ausrichten könntest.

***Entscheide* dich jetzt für Klarheit. Du weißt, dass sowohl die Variante eines bewusst lebendigen Lebens wie auch die eines nicht erfolgreichen Lebens bereits jetzt für dich existieren. Es sind allein deine Gedanken, Gefühle und Handlungen, die dafür sorgen, dass du dich entweder in die eine oder andere Richtung bewegst.**

Beantworte die folgenden Fragen *schriftlich.* Somit hast du jederzeit die Möglichkeit, deinen Fortschritt zu beobachten. *Bewerte deine Lebenssituation auf einer Skala von 1 bis 10; 1 = völlig unzufrieden, 10 = könnte nicht besser sein (Eine 10 wird zu deiner neuen 5, denn es gibt immer eine nächste Ebene):*

Wie zufrieden ich mit meiner jetzigen Lebenssituation bin, ist:

1 2 3 4 5 6 7 8 9 10

Warum ich diese Zahl angekreuzt habe, ist:

Was ich verändern, beginnen oder aufgeben könnte, damit sich meine Zufriedenheit in Richtung 10 verschiebt, ist:

Ängste, die mich davon abhalten, umfassen:

Angenommen, wir würden uns über dein Leben unterhalten. Wie beschreibst du mir deine aktuellen Umstände?

Die Ziele, die ich verfolge, sind:

Akzeptanz und Dankbarkeit

Solange, wie du deine jetzigen Lebensumstände nicht akzeptierst, lebst du in einem inneren Zwiespalt.
Ein Vorankommen ist in so einer Situation äußerst kräftezehrend. Diese Akzeptanz gelingt dir mit dem Gefühl

der Dankbarkeit. Vielleicht kennst du den englischen Schriftsteller William Law. Law beschreibt Dankbarkeit sogar als den kürzesten und sichersten Weg zu Erfolg und Vollkommenheit. Nur wer für *alle* Dinge, also auch unerwartete Stolpersteine, dankbar ist, so Law, kann solche Herausforderungen in Chancen verwandeln. Viele Menschen sind kaum bereit, für unerwünschte Dinge und Umstände ein Gefühl der Dankbarkeit zu entwickeln.

Für Law hingegen ist diese Art der Dankbarkeit gleich wichtig wie die Dankbarkeit für erwünschte Lebenssituationen. Übe dich deshalb in Dankbarkeit. Hiermit richtest du deinen Fokus automatisch auf Erfolg und öffnest dich für neue Möglichkeiten.

Was verstehe ich unter Dankbarkeit? Dankbarkeit wird oft mit dem verbalen Ausdruck „danke" gleichgesetzt. Ein Mensch, der nicht „danke" sagt, gilt als undankbar. In Wahrheit ist Dankbarkeit jedoch ein Gefühl und nicht nur ein verbaler Ausdruck. Sicherlich hast du selbst schon einmal erlebt, dass sich eine Person verbal bedankt, aber unbewusst eine andere Nachricht übermittelt hat.

Bei vielen Menschen ist das Gefühl der Dankbarkeit in Vergessenheit geraten. Wenn du dies auch gerade für dich feststellst, kann ich dich beruhigen. Mit etwas Übung wirst du dieses Gefühl leicht wieder für dich entdecken. Das Ziel ist, dass du sowohl bei den positiven wie auch den negativen Aspekten eines Erlebnisses oder Eigenschaften einer Person ein Gefühl der Dankbarkeit empfindest. Wenn dir dies nicht auf Anhieb gelingt, lasse es gut sein und wiederhole es, bis du es schaffst. Sei geduldig mit dir selbst, denn so, wie du nicht von heute auf morgen 10 kg abnehmen kannst, wird auch diese Veränderung etwas Zeit in Anspruch nehmen.

Gestatte mir an dieser Stelle eine etwas provozierende Aussage: Du bist für deinen Erfolg wie auch für deinen Misserfolg selbst verantwortlich. Verantwortlich zu sein ist nicht gleichbedeutend mit schuldig sein, sondern umfasst die Entscheidungsfähigkeit, wie du mit einer Situation umgehst. Manche Menschen reagieren an dieser Stelle mit Abwehr. In ihren Augen sind es die Fehler der anderen Menschen oder einfach die Situation, die ihren Erfolg verhindern. Bestimmt kennst du auch Menschen, die überzeugt sind, die Wirtschaftskrise, der falsche Standort oder ihre zu geringe Erfahrung seien verantwortlich für ihren Misserfolg. Man kann solchen Menschen daraus keinen Vorwurf machen. Aus ihrer Perspektive betrachtet sind sie sogar im Recht. Die Realität entspricht auch hier der Verwirklichung ihrer Überzeugungen. Du aber darfst dich an dieser Stelle über deinen Wissensvorsprung freuen, dass dein Erfolg eng mit deiner richtigen inneren Haltung und Vorstellung zusammenhängt. Sobald du dir dein bewusst lebendiges Leben im Detail vorstellen kannst, ist es essentiell, dass du diese Bilder in dein

Unterbewusstsein brennst. Dies gelingt dir am besten mit *regelmäßiger Wiederholung.*

Deine jetzigen Lebensumstände zu akzeptieren und dankbar zu sein für das Erwünschte und Unerwünschte, sind wichtige Voraussetzungen für das Vorankommen im Leben.

Reflektiere und mache dir Gedanken:

Eine aktuelle Situation in meinem Leben, die mir zu schaffen macht und die ich (noch mehr) akzeptieren könnte, ist:

Mein bewusst lebendiges Leben stelle ich mir so vor:

5 Dinge, für die ich jetzt dankbar bin, sind:

Kapitel 5

Was steht deinem Erfolg im Weg?

Du weißt also genau, wohin du willst. Aber kennst du auch deinen Startpunkt? Kannst du ebenso sicher beschreiben, wo du dich gerade befindest? In diesem Kapitel werden wir uns damit befassen, warum dein Unterbewusstsein überhaupt nicht möchte, dass du deinen Standort so genau kennst. Doch wenn du erfolgreich sein willst, musst du nicht nur wissen, wohin du willst. Du musst auch wissen, wo du dich gerade befindest. Stell dir dazu einmal als Szenario vor, du würdest irgendwo in der Wüste ausgesetzt. Als einziges Hilfsmittel gibt man dir eine Landkarte und sagt dir, dass dein Ziel das Dorf Bir Ganduz ist. Wenn du nun die Koordinaten deines Startpunktes nicht kennst, wirst du trotz der Karte Bir Ganduz nie erreichen. Nur wenn man dir neben dem Ziel auch deinen aktuellen Standort nennt, kannst du die Reise zielstrebig starten.

Eine beachtliche Anzahl Menschen wissen, welche Richtung sie einschlagen möchten. Dabei geht es nicht darum zu wissen, wo du in fünf oder zehn Jahren sein möchtest. Es reicht völlig aus, dass du nicht länger in deiner momentanen Situation leben möchtest. Wenn du zum Beispiel unglücklich bist in deiner

Beziehung, reicht es, wenn du deine neue Richtung beschreibst mit „Ich möchte eine glückliche Beziehung führen". Eine Beschreibung ihres aktuellen Standortes fällt den meisten Menschen hingegen deutlich schwerer. Tatsächlich wird dieser wichtige Punkt sogar von deinem Unterbewusstsein bekämpft.

Denn dein Unterbewusstsein hat die Aufgabe, dich in deiner gewohnten Umgebung und damit an deinem aktuellen Standort zu halten. Es möchte nicht, dass du losgehst und eine neue Richtung einschlägst. Natürlich möchte dein Unterbewusstsein dich nicht ärgern oder einfach so deinen Durchbruch verhindern. Dein Unterbewusstsein möchte dich vielmehr vor Gefahren bewahren. So sehr dir selbst auch deine jetzige Situation missfallen mag, für dein Unterbewusstsein bedeutet sie Stabilität und Sicherheit. Und diese Stabilität und Sicherheit verteidigt dein Unterbewusstsein mit ganzer Kraft.

Dabei könnte dir dein Unterbewusstsein deinen jetzigen Standort vermitteln und du würdest mit Leichtigkeit deine neue Richtung einschlagen und dein Ziel sicher erreichen. Aber natürlich weißt du aus eigener Erfahrung, dass es in den meisten Fällen so nicht passiert. Denke nur einmal zurück an eine Veränderung in deinem Leben. Rückblickend erkennst du wahrscheinlich die positiven Seiten, doch wie hast du dich während der Veränderung gefühlt? Mit großer Wahrscheinlichkeit haben sich Widerstand, Ängste und ein Gefühl der Unsicherheit bemerkbar gemacht. Das ist nicht erstaunlich, denn dein Unterbewusstsein möchte dich verwirren und schafft es, dir eine ersehnte Veränderung als ein großes und gefährliches Unterfangen zu verkaufen.

Schau dir deinen Standort doch einmal unter dem Aspekt deiner monatlichen finanziellen Verpflichtungen an. Diese finanziellen Verpflichtungen bist du von deinem jetzigen oder einem vergangenen Standort aus eingegangen. Dies zu verstehen ist wichtig für das Verständnis des gesamten Kapitels. Du selbst bist diese Verpflichtungen eingegangen und befindest dich in Resonanz mit diesem Geldbetrag. An diesem Punkt versucht dein Unterbewusstsein auch schon, dich zu verwirren. Deine monatlichen Verpflichtungen sind gleichzusetzen mit den Zahlungen, die du im laufenden Monat leisten musst. Das mag zunächst banal klingen. Aber dein Unterbewusstsein geht nun hin und bezieht deine sämtlichen Schuldverpflichtungen sowie Ausgaben für zukünftige Investitionen und Anschaffungen mit ein. Dein Verstand sagt dann etwa, „Ich kann mir dieses Seminar derzeit gar nicht leisten. Denn ich habe noch diesen Autokredit und in einem halben Jahr will ich einen exklusiven Urlaub machen."

Merkst du, wie geschickt dein Unterbewusstsein hier versucht, dich von deinem aktuellen Standort abzubringen?

Hier ein anderes Beispiel. Du befindest dich in der Vorbereitung einer wichtigen Präsentation. Am Anfang läuft alles nach Plan und du arbeitest konzentriert. Doch je näher dein Vortragstermin kommt, desto unproduktiver wirst du. Anstatt den Fokus auf deiner Arbeit zu halten, lässt du dich ablenken. Es machen sich Zweifel bemerkbar und womöglich konzentrierst du dich bereits auf Plan B. Alternativen haben ihren Platz und auch ihre Richtigkeit, aber sie sollten keinesfalls erst und ausgerechnet in einer kritischen Phase zum Thema werden. Im Business werden Lösungen für den Fall des Scheiterns am *Anfang* eines Projekts ausgearbeitet. Das ist sinnvoll. Im Anschluss wird aber die gesamte Aufmerksamkeit auf das Erreichen des Ziels gelenkt. Bei unserem Beispiel haben wir es mit einer anderen Sache zu tun. Nämlich mit dem *Ablenken vom jetzigen Standort.* Im Endspurt einer Präsentation oder jedes anderen beliebigen Vorhabens ist der nächste Schritt nicht das Ausarbeiten eines Plan B, sondern das erfolgreiche Fertigstellen oder Erreichen der Sache. Hier werden viele wie im ersten Beispiel von ihrem Standort abgebracht und anstatt das Projekt erfolgreich abzuschliessen, verlieren sie sich in Ausreden und Ablenkungen.

Dazu fällt mir ein drittes, sehr einleuchtendes Beispiel ein. Kimon äußerte mit einem Mal, dass er die Schule wechseln möchte und hatte dafür auch gute Gründe parat. In Wirklichkeit aber hatte er Angst, die Klasse nicht zu bestehen und schaffte sich mit dem Wunsch des Schulwechsels einen Ausweg. Im Gespräch wurde klar, dass ihn sein Unterbewusstsein vom Wesentlichen ablenkte. Schulwechsel hin oder her, sein nächster Schritt war unabhängig davon das Bestehen der Klasse und nicht die Konzentration auf Plan B. Kimon war bereits damals mit elf Jahren sehr wach und offen, Situationen zu reflektieren und aus einem anderen Blickwinkel zu betrachten. Das fasziniert mich an ihm. Gemeinsam nahmen wir die Situation unter die Lupe. Ich ließ ihn das Ziel – das Bestehen der Klasse – auf ein Blatt Papier schreiben und sagte: "Das ist deine Ausrichtung. Um Plan B kümmern wir uns, wenn alle Stricke reissen." Kimon nahm darauf ein neues Blatt und schrieb auf die Vorderseite "Ich bin glücklich, froh und entspannt, dass ich die Klasse bestehe". Auf der Rückseite vermerkte er "Plan B: Schulwechsel". Er hing den Zettel an seine Pinnwand und verkündete, dass er sich jetzt nur auf die Vorderseite konzentriere. Er hat eingesehen, dass er auf seine Ängste entweder mit dem Verblenden seines jetzigen Standpunktes reagieren oder sich ihnen mit dem *richtigen* Schritt stellen konnte. Der richtige Schritt war für ihn, von seinem tatsächlichen Standort aus zu agieren und seine gesamte Energie auf das Bestehen der Klasse zu lenken.

Erkenne deinen Blindpunkt

Mit dem genannten Trick verfolgt dein Unterbewusstsein einen doppelten Zweck. Erstens möchte es deine unbefriedigende aktuelle Situation herabspielen. Es will dir vermitteln, dass es so schlimm nun auch wieder nicht ist und du schon viel weiter bist, als es tatsächlich der Fall ist. Zweitens projiziert es deine aktuelle Situation in die Zukunft und vermittelt dir, wie wundervoll du bist und was für große Taten du vollbringen kannst. All dies stimmt, aber es hat eben nichts mit deinem aktuellen Standort zu tun.

Um deinen Startpunkt zu finden, musst du gnadenlos ehrlich zu dir selbst sein. Du solltest dir auch jederzeit darüber im Klaren sein, dass dein Unterbewusstsein alles daran setzen wird, dich von deinem Vorhaben abzubringen. Zum Beispiel, indem es deine finanziellen Verpflichtungen bedrohlicher oder besser erscheinen lässt, als diese tatsächlich sind. Willst du jetzt dein Vorhaben immer noch umsetzen, hat dein Unterbewusstsein sogar noch einen weiteren Trick auf Lager. Es wird dich nun dazu bringen wollen, dass du unbedingt verstehen möchtest, warum du dich in einer bestimmten Situation befindest oder warum du gewisse Dinge tust. Anstatt aktiv neue Wege zu beschreiten, wirst du nun erst einmal derart in einen Strudel des Verstehenwollens gezogen, dass dir schwindelig wird. Aussagen wie “Ich lasse es mir nochmals durch den Kopf gehen” und “Ich muss mich zuerst noch etwas besser informieren und einlesen in diese Thematik” sind die Klassiker, durch die wir von unserem Verstand hinters Licht geführt werden. Du entkommst diesem Strudel erst dann, wenn du dich auf eine Transformation *einlässt.*

Was meine ich damit? Es waren deine Gedanken und dein Bewusstsein, die deine momentanen Umstände geschaffen haben. Solange du dein Bewusstsein nicht erweiterst, solange du also deine bisherigen Handlungen und Gedankenmuster nicht veränderst, wird sich für dich auch nichts ändern. Denn du wirst versuchen, deine Handlungen und deine Situation mit demselben Bewusstsein zu verstehen, mit dem du diese kreiert hast. Mit dieser Vorgehensweise blendest du aber wichtige Fakten aus. Was in deinem Bewusstsein vor sich geht, ist vergleichbar mit dem bekannten Blindpunkt.

Wie das Gehirn mit Unbekanntem umgeht

Ich lade dich nun zu ein paar einfachen Übungen ein, damit du noch besser verstehst, warum es unserem Verstand immer wieder gelingt, denselben Trick erfolgreich anzuwenden. Dazu betrachten wir uns wie das Gehirn im Umgang mit Unbekanntem funktioniert. Als blinden Fleck bezeichnen wir die Stelle im Auge, an der der Sehnerv auf die Netzhaut trifft. An dieser Stelle, an der alle Informationen zusammenlaufen, die wir über die Netzhaut aufnehmen, befinden sich keine Sehzellen. Dass wir an dieser Stelle tatsächlich blind sind, fällt im Alltag nicht auf, da wir ja zwei Augen haben und dieser Fehler damit korrigiert wird. In der ersten Übung geht es darum, den blinden

Fleck im Auge zu finden. Die Bilder für alle hier vorgestellten Übungen kannst du herunterladen auf: www.lukastobler.com/blindpunkt

Übung 1

Für diese Übung sollten deine Augen ungefähr eine Armlänge Abstand zum Bild haben. Schließe nun das linke Auge und fokussiere dich mit dem rechten Auge auf das Rechteck. Komm nun mit dem Gesicht immer näher zum Bild, bis der Kreis vor deinem Auge verschwindet. In diesem Moment ist der Kreis auf den blinden Fleck getroffen. Wenn du möchtest, kannst du diese Übung mit dem linken Auge wiederholen. Ist der Kreis tatsächlich verschwunden und hast du gar nichts mehr gesehen, als der Kreis auf den blinden Fleck in deinem Auge getroffen ist? Schließlich hast du ja einen leeren hellgrauen Hintergrund gesehen. Die Erklärung hierfür ist, dass dein Gehirn die fehlenden Informationen mit bekanntem Inhalt aufgefüllt hat. Würdest du dieses Experiment mit einem farbigen Hintergrund wiederholen, würdest du statt des Kreises die Farbe des Hintergrundes sehen.

Übung 2

Das Gehirn füllt nicht nur weiße oder farbige Hintergründe auf. Es ergänzt auch andere Dinge, die wir tatsächlich gar nicht sehen. Schließe nun das rechte Auge und fokussiere dich mit dem linken Auge auf das Quadrat. Bewege nun dein Gesicht wieder langsam auf das Bild zu. In dem Moment, in dem der

Kreis auf den blinden Fleck in deinem Auge trifft, verschmelzen die beiden Linien zu einer. Das Gehirn füllt die fehlende Information an dieser Stelle auf, indem es die beiden Linien miteinander verbindet.

Übung 3
Bei diesem letzten Experiment gleicht das Gehirn den blinden Fleck mit den Mustern der Umgebung aus. Schließe nun das linke Auge und fokussiere mit dem rechten Auge das Quadrat. Wenn du dich nun mit dem Gesicht langsam auf das Bild zubewegst, wird der blaue Kreis verschwinden und vom Gehirn durch einen roten ersetzt werden.

Wie unser Gehirn den Hintergrund ergänzt

Erkennst du, wie dein Gehirn vorgegebene Strukturen zwecks Kompensierung des Blindpunktes einfach mit dem Hintergrund auffüllt? Aus einem Punkt wird eine hellgraue Hintergrundfläche. Aus einer Linie, die durch einen Punkt unterbrochen wird, wird eine durchgehende Linie. Aus einem blauen Punkt wird ein roter Punkt.

Dein Versuch, deine jetzige Situation mit deinem jetzigen Bewusstsein zu verstehen, ist nichts anderes als der Versuch, unterschiedliche Dinge gleichzusetzen. Dein Gehirn erfindet irgendwelche Szenarien, Ausreden und Hindernisse, die dich an Ort und Stelle halten. Erst über eine Erweiterung deines Bewusstseins wirst du die Zusammenhänge erkennen und verstehen. Dies reicht aber, falls es überhaupt nötig ist, auch im Nachhinein. Denn es ist nicht immer notwendig, die Ursachen zu erkennen oder eine Sache zu verstehen, um vorwärts zu kommen. Unverzichtbar ist aber, dass du deine innere Haltung und deine Handlungen veränderst.

Jetzt denkst du vielleicht, dass es auf die Dauer furchtbar anstrengend sein muss, ständig das eigene Unterbewusstsein zum Gegner zu haben. Wenn es so wäre, hättest du natürlich Recht. Doch zum Glück ist dein Unterbewusstsein sehr anpassungsfähig.

Nehmen wir eine sehr beschäftigte Person. Er ist sehr erfolgreich und verdient sehr gut. Der einzige Haken ist, dass er keine Zeit für sich findet, was sich zunehmend auf sein Gemüt und sein Wohlbefinden auswirkt. Er spürt, dass er diesen Lebensstil nicht auf Dauer aufrecht erhalten kann und möchte dringend kürzer treten. Doch allein beim Gedanken daran zieht sich alles zusammen in ihm. Ein Paradox. Oder wie du nun weißt, ein Trick seines Unterbewusstseins. Seinem Wunsch nach mehr Zeit und Ruhe für sich entgegnet das Unterbewusstsein mit einem Gefühl des Zweifelns, der Unsicherheit und Angst.

Eine Veränderung wird unbewusst mit einer Gefährdung der persönlichen Sicherheit gleichgesetzt. Verlässt sich diese Person auf diese Gefühle, wird er seine jetzige Situation nicht verändern. Doch wenn er diesen Trick durchschaut, wird er dem Ruf seines Herzens folgen. Nachdem er kürzer getreten ist und sich Zeit für sich selber gönnt, rückt auch sein Unterbewusstsein auf und verteidigt von nun an die neuen Verhältnisse. Ganz so, als wären sie nie anders gewesen.

Niemand kennt dich besser als dein Unterbewusstsein. Und niemand außer dir selbst weiß, welche Tricks dein Unterbewusstsein anwendet, um dich vor deinem Durchbruch zu bewahren. Frage dich nun, welche Umstände dich in der Vergangenheit gestoppt haben. Hat dir dein Unterbewusstsein irgendeine Sache ausgeredet, weil du zu jung oder zu alt wärst, zu wenig Geld und Zeit hättest oder nicht erfahren genug wärst? Hat es Gefühle oder Situationen kreiert, die dazu geführt haben, dass du dein Ziel aufgegeben hast?

Hat es das Verhalten deiner Mitmenschen beeinflusst, die dich gedrängt haben, andere Dinge zu tun oder mehr Zeit für sie aufzuwenden? Wurdest du auf einmal krank oder fehlte dir die Energie und der Elan? Hat dir dein Unterbewusstsein unvorhergesehene Rechnungen beschert? Haben sich Zweifel und Unsicherheit bemerkbar gemacht? Oder hat es dich in Aktivitäten verwickelt, die nicht zu deinen Prioritäten gezählt haben? Dein Unterbewusstsein weiß genau, wie es ihm gelingt, dich auszubremsen, ohne dass du jemals auf den Gedanken kommst: „Moment mal, mein Unterbewusstsein versucht mich zu stoppen." Du wirst in Schach gehalten und glaubst tatsächlich, dass du mit einer Sache aufhören und etwas Anderes tun solltest. Deiner Meinung nach hast du eine bewusste Entscheidung getroffen, doch das entspricht nicht der Wirklichkeit. Vielmehr hat dich dein Unterbewusstsein so sehr vom Gedanken überzeugt, die angestrebte Sache lassen zu müssen, dass du dein Ziel an Ort und Stelle aufgegeben hast.

Wie gelingt es dir dann trotz der erfolgshemmenden Tricks deines Unterbewusstseins, deinen Startpunkt zu bestimmen? Es wäre sicher sinnlos, die Vorgehensweise deines Unterbewusstseins in Frage stellen oder stoppen zu wollen. Also bleibt nur, dass du lernst, mit dieser Vorgehensweise umzugehen. Mit der *richtigen inneren Einstellung* gibt es nichts, das dich an der Umsetzung deiner Ziele hindern kann. Werde dir bewusst, dass alle Fähigkeiten, die du für das Erreichen deiner Ziele brauchst, bereits in dir stecken. Du brauchst sie nur zu *entwickeln.*

In seinem Buch *Denke nach und werde reich* schreibt Napoleon Hill, dass das Erreichen persönlicher Ziele immer einen Preis hat. Der Preis ist, dass du diejenigen Dinge loslassen musst, die dich bisher vom Erreichen deiner Ziele abgehalten haben. Wenn du nun denkst „Ich weiß nicht, was mich zurückhält", lass es gut sein und beschäftigte dich mit der folgenden Aussage: “Wenn ich wüsste, was mich zurückhält, wäre es…”.

Der Gewinn aber ist, dass du alle positiven Vorzüge deines Ziels geniessen kannst. Deine Ziele existieren bereits jetzt und versuchen sich durch Chancen und Gelegenheiten zu verwirklichen. Doch bist du dir deiner Chancen bewusst? Und nutzt du deine Chancen auch? Hill schreibt, dass eine Gelegenheit auf eine andere Art und Weise und aus einer anderen Richtung als erwartet käme. Das sei einer der Tricks der Gelegenheit. Sie habe eine schlaue Gewohnheit, durch die Hintertür hereinzukommen und käme oft verkleidet als Unglück oder vorübergehender Misserfolg. Möglicherweise sei das der Grund, warum so viele Menschen Gelegenheiten verpassen.

Dein Unterbewusstsein möchte verhindern, dass du Gelegenheiten bewusst erkennst. Hierzu erweckt es den Anschein, es würde sich um eine Sache handeln, die du unbedingt verhindern solltest. Doch da du dein Bewusstsein erweitert hast, bist du in der Lage, diesen Trick zu durchschauen.

Zum Schluss dieses Kapitels möchte ich dich nun noch zu zwei wichtigen Übungen einladen.

1) Mache dir bewusst, wie dein Unterbewusstsein dich in der Vergangenheit ausgebremst hat. Schreibe

dir dazu kleine oder große Ziele auf, die du nicht erreicht hast und frage dich, was der Auslöser fürs Aufgeben war. Hattest du nicht genug Zeit? Fehlte das Geld? Hast du dich von den Meinungen und Einschätzungen anderer Menschen zurückwerfen lassen? Hast du dir eingeredet, dass dieses Ziel gar nicht so wichtig sei? Fehlte die Konzentration? Oder möchte dir dein Unterbewusstsein in diesem Moment weis machen, dass du diese Übung nicht machen musst? Mache dir Gedanken und gib nicht auf!

Diese Ziele habe ich in der Vergangenheit nicht erreicht und das war jeweils der Grund fürs Aufgeben:

2) Erstelle eine Liste mit allen Möglichkeiten, die jetzt in deinem Leben existieren, um deine Ziele zu erreichen. Schreibe alle *ethisch vertretbaren* Gelegenheiten auf, die dir in den Sinn kommen und lass dich nicht vom Gedanken „Das ist keine gute Gelegen-

heit“ von der Idee abbringen. Nur weil eine Sache im Moment nicht günstig aussieht, bedeutet dies längst nicht, dass sie sich später nicht als nützlich erweisen könnte.

Welche Möglichkeiten existieren jetzt in deinem Leben, damit du deine Ziele erreichen kannst? Nenne sie beim Namen, auch wenn sie unrealistisch, nicht der Rede wert oder unwahrscheinlich erscheinen. Aussprechen ist ein wichtiger erster Schritt für das Erkennen von Chancen und versteckten Gelegenheiten. Wähle ein Ziel und ergänze:

Die folgenden Möglichkeiten existieren jetzt in meinem Leben, um dieses Ziel zu erreichen:

Kapitel 6

Wie du dich neu ausrichtest

Vielleicht stehst du in deinem Leben immer wieder vor scheinbar unlösbaren Problemen. Oder du plagst dich ständig mit Ängsten herum. In so einem Fall bringt es nichts, diese Situation zu verleugnen oder schön zu reden. Negative Gedanken drängen sich hier geradezu auf. Bleiben diese Gedanken im Unterbewusstsein, wirken sie wie ein Magnet. Sie werden solange die entsprechenden Situationen anziehen, bis du sie veränderst.

Der erste Schritt zur Veränderung ist, dir einzugestehen, dass du solche schädlichen Gedanken überhaupt hast. Im nächsten Schritt geht es darum, dass du diese schädlichen Gedanken umpolst. Anstatt zu denken „Ich habe dieses Problem“ denkst du ab sofort „Ich habe die Lösung“ Dies gilt auch und besonders dann, wenn offenbar alles dagegen spricht, denn damit gibst du eine neue Richtung vor. Als Nächstes geht es um deine Gefühle. Welche Gefühle begleiten deinen Gedanken „Ich habe ein Problem“? Ist es ein Gefühl von Freude, Dankbarkeit und Vertrauen? Oder empfindest du eher Angst, Wut und Unsicherheit? Tatsächlich haben Gefühle eine unglaubliche Kraft. Wird der Gedanke „Ich habe die Lösung“ von Freude, Dankbarkeit und Vertrauen begleitet, entsteht eine erfolgsgeballte Ladung. Wird diese Gefühlslage lange genug aufrecht erhalten, wirst du dich entsprechend *verhalten* und dich mit den richtigen *Handlungsschritten* zum angestrebten Ziel bewegen.

Wird der Gedanke „Ich habe die Lösung“ aber von Angst, Wut und Unsicherheit begleitet, verliert er seine positive Kraft. Was er behält, ist seine schöpferische Kraft. Die Auswirkungen sind in diesem Fall die gleichen, als würdest du denken „Ich habe ein Problem“. Du handelst und verhältst dich, um Recht zu behalten.

Um einen schädlichen Gedanken aufzulösen, bedarf es also neben der Bewusstmachung und Umpolung auch der Untermauerung mit positiven Gefühlen. Das ist mitunter einer der Gründe, warum das positive Denken in Verruf geraten ist, aber lass dich dadurch nicht davon abbringen.

Vielleicht denkst du jetzt, dass sich das zwar alles fantastisch anhört, dass du dich aber in einer so schwierigen Situation befindest, dass du dich gar nicht gut fühlen kannst. Auch bei dem Gedanken „Ich kann mich nicht gut fühlen“ handelt es sich wieder um einen schädlichen Gedanken. Auch hier liegt der Schlüssel wieder darin, dass du deine Situation ehrlich betrachtest und dir diesen schädlichen Gedanken bewusst machst. Gestehe dir also diesen schädlichen

Gedanken ein und pole ihn dann um in „Wie könnte ich mich auch jetzt gut fühlen?"

Lass dich hierzu auch von entsprechenden Aktivitäten, positiv eingestellten Menschen und von deiner Umgebung inspirieren. Lerne, dich unabhängig von den äußeren Bedingungen gut zu fühlen. Dies ist in jeder Hinsicht das A und O für deinen Erfolg. Wenn du diese Schritte alle konsequent umgesetzt hast, dir deiner Gedanken bewusst bist, positive Gefühle hast und dich gut fühlst, hast du alle geistigen Voraussetzungen für deinen Erfolg geschaffen. Wie dir das gelingt, erfährst du am Schluss dieses Kapitels. Nun geht es darum, dass du das richtige Maß für deine Handlungen findest.

Sicher kennst auch du Menschen, die gerne erfolgreich sein möchten, die aber zu wenig für ihren Erfolg tun. Überraschender ist vielleicht die Erkenntnis, dass man auch zu viel für seinen Erfolg arbeiten kann. Dein Ziel sollte sein, das richtige Maß aus Tun und Geschehenlassen zu finden. Prüfe, welcher dieser drei verschiedenen Typen deine jetzige Haltung am ehesten beschreibt. Diese Typen verfolgen unterschiedliche Handlungsstrategien. Wir unterscheiden den Schaffer, den Träumer und den träumenden Schaffer.

Ein **Schaffer** ist eine Person, die vor lauter Aktivitäten nicht mehr zur Ruhe kommt. Weil ein Projekt das andere ablöst, hat sie nie Zeit. Das Positive am Schaffer ist, dass er Dinge anpackt und umsetzt. Die Schattenseite ist, dass er alles kontrollieren muss, ständig rumrennt und seine Projekte nicht immer bis zum Schluss durchzieht, bevor er etwas Neues anfängt. Zudem fehlt ihm die Zeit zum Reflektieren und Genießen seiner Ernte. Zu gross ist sein Drang, die nächste Sache anzupacken, von der er sich die lang ersehnte Zufriedenheit erhofft. Ein erfolgreicher Schaffer erreicht viel im Leben, aber alles ist sehr anstrengend und kaum erfüllend. Denn er ist überzeugt, dass ohne ihn nichts funktioniert. Ihm mangelt es oft an Vertrauen in sich und andere. Die Lösung ist, dass er Vertrauen gewinnt, lernt loszulassen und Zeit zum Reflektieren und Ausspannen einplant.

Ein **Träumer** schmiedet viele große Pläne, setzt diese aber selten bis nie um. Seine liebsten Ausreden lauten fehlendes Geld, zu wenig Zeit oder mangelnde Erfahrung. Oder er scheut vor den nötigen Handlungsschritten und lässt sich ständig ablenken und davon abhalten. Manchmal leidet er an der Überzeugung „Das Universum macht alles für mich ohne dass ich etwas dafür tun muss“. Er erwartet also, dass ihm das Universum alle Träume direkt vor die Haustüre bringt. Die Stärke des Träumers ist seine Vorstellungskraft, mit der er Samen im Quantenfeld setzt. Seine Trägheit und Ausreden verhindern aber, dass er die Früchte jemals erntet. Er hält es schlicht für unnötig, auf eine Leiter zu steigen, um seine Ernte zu pflücken. Die Herausforderung des Träumers ist die Angst vor der Anstrengung oder dem Scheitern. Die Lösung zielt darauf ab, dass er seinen Mut zum Handeln kultiviert und jeden Tag einen Schritt in Richtung Ziel wagt.

Ein **träumender Schaffer** erstickt seine Träume und Ziele nicht im Keim, nur weil die äußeren Bedingungen nicht günstig erscheinen. Er erwartet nicht, dass alles von ganz alleine in Erfüllung geht. Mit anderen Worten, er wählt das richtige Maß aus Tun und Geschehenlassen. Er geht in sich, um sich seiner Ziele bewusst zu werden und folgt den inneren Impulsen für die nötigen Handlungsschritte voller Vertrauen. Der träumende Schaffer nimmt Dinge in Angriff, ohne sich in unnötigen Aktivitäten zu verlieren oder der Passivität zum Opfer zu fallen. Seine innere Haltung ist bereits auf Erfolg ausgerichtet. Wichtig ist, das gewonnene Momentum aufrechtzuerhalten und geduldig weiterzugehen.

Der träumende Schaffer ist der Erfolgreichste unter den drei beschriebenen Typen, weil er die richtige Balance aus Träumen und Handeln gefunden hat. Er wird von allen die saftigsten Früchte ernten. Was bedeutet das für dich?

Nachdem du einen schädlichen Gedanken aufgedeckt und umgepolt hast und ihn ab sofort mit guten Gefühlen nährst, schreiben es die geistigen Gesetze vor, dass du handelst. Ohne Handlungsschritte bleibt alles ein Traum, während hektisches Umherrennen alles zum Albtraum macht.

Ich habe für dich eine Übung vorbereitet, mit der du deine schädlichen Gedanken leichter auflösen kannst. Halte die Antworten auf die Fragen zu deinen jetzigen Lebensumständen stichwortartig fest. Die Beschreibungen spiegeln deine Gedanken und Gefühle wider.

Wie fühlst du dich körperlich?

Wie ist deine geistige Verfassung?

Wie läuft es in deiner Beziehung?

Wie steht es um deine finanzielle Situation?

Wie hoch ist deine Lebensfreude und wie viel Sinn misst du deinem Leben bei?

Markiere nun alle schädlichen Gedanken und Gefühle, die du gerade beschrieben hast, mit einem farbigen Stift. Formuliere diese nun in *positive Gedanken* um und notiere, wie du dich dann fühlst.

Wie fühlst du dich körperlich?

Wie ist deine geistige Verfassung?

Wie läuft es in deiner Beziehung?

Wie steht es um deine finanzielle Situation?

Wie hoch ist deine Lebensfreude und wie viel Sinn misst du deinem Leben bei?

Werde dir deiner schädlichen Gedanken und Gefühle bewusst. Formuliere diese im nächsten Schritt ins Gegenteil um und nähre deine neuen Gedanken ab sofort mit Gefühlen der Dankbarkeit, Freude, Zuversicht und Liebe. Folge voller Vertrauen deinen inneren Impulsen und *handle jetzt.* Sollten sich negative Gefühle bemerkbar machen, löst du auch diese mit den oben genannten Schritten auf.

Vor dem Durchbruch rüttelt es am meisten

Earl Nightingale verweist in einem seiner Programme auf ein Interview mit Chuck Yeager, der 1947 mit einem Bell X1 Jet als erster Pilot nachweislich die Schallmauer durchbrach. Yeager erwähnte, dass kurz vor Überschreiten der Schallgeschwindigkeit das Cockpit am meisten rüttelte. Im Leben sind die Dinge vor einem Durchbruch oft am schlimmsten. Es ist die kritische Phase, in der viele Menschen aufgeben oder sich eine Sache ausreden. Anstatt einen Durchbruch zu erleben, fallen sie zurück in alte Muster. Vorübergehend kehrt Ruhe ein. Aber nur bis zum erneuten Versuch, die Grenzen der eigenen Komfortzone zu zerbrechen. Ich glaube, dass wir alle hier sind um

Großartiges zu erreichen. Großartigkeit lässt sich nicht objektiv messen, sondern beschreibt ein Gefühl innerer Erfüllung und Genugtuung, weil wir trotz Widrigkeiten *ja* gesagt haben zu unseren Zielen, weil wir trotz Rückschlägen mutig weitergegangen sind. Die Zukunft gehört den Mutigen, die sich vom Ruf des Durchschnitts nicht kleinkriegen lassen. Menschen, die es wagen groß zu denken und sich auf ihre beste Weise zum Ausdruck bringen. Wir tragen alle ein unglaubliches Potenzial in uns, dass wir mit den richtigen Gewohnheiten, einem großen inneren Antrieb und dem richtigen Maß an Mut und Durchhaltevermögen entfalten können. Jeder Mensch verdient es, ein bewusst lebendiges Leben zu führen, doch es bedingt, dass wir die Schritte dafür unternehmen. Innere und äußere Handlungsschritte, wie das Erlangen von Klarheit, die Standortbestimmung und das Aufdecken und Überwinden verborgener Erfolgshemmer sind wichtige erste Schritte. Und es gibt mehr.

Auf die Frage „Was bedeutet für dich Erfolg?“ hat wohl jeder eine andere Antwort. Sehr häufig wird Erfolg dabei mit materiellem Erfolg gleichgesetzt. Dabei ist dies nur eine Facette des funkelnden Erfolgsdiamanten. Denn Erfolg meint sehr viel mehr als materieller Reichtum. Hierzu gehören auch harmonische Beziehungen, Gesundheit, Zufriedenheit und eine tiefe innere Verbindung mit dem Schöpfer sowie Fülle in jeder Hinsicht.

Ich persönliche betrachte Erfolg als das Erreichen einer *gesunden Harmonie* in allen Lebensbereichen. Es ist nicht schwierig, in einem Bereich erfolgreich zu sein, doch wirklicher Erfolg bezieht das gesamte Leben mit ein. Was bringt uns eine erfolgreiche Karriere und viel Geld, wenn wir kaum Zeit mit der eigenen Familie verbringen, die Gesundheit in eine gefährliche Schieflage geraten ist und der Sinn fürs Leben verloren ging? Und wie können wir unser volles Potenzial entfalten, wenn wir mit Existenzängsten kämpfen und in einer Welt der Isolation und Konkurrenz leben?

So, wie es unzählige Definitionen gibt, was Erfolg überhaupt ist, gibt es auch eine Vielzahl an Strategien, wie sich Erfolg erzielen lässt. Tatsächlich können zwei Personen die gleiche Strategie verfolgen und doch zu völlig unterschiedlichen Ergebnissen kommen. Während der eine am Ende des Tages energiegeladen und dankbar nach Hause geht, fehlen dem anderen jegliche Kräfte. Oder die eine strotzt vor Energie, während die andere kaputt ins Bett fällt. Während die eine gutes Geld verdient, kommt die andere gerade so über die Runden. Das konsequente Pflegen einer Gewohnheit ist zwar wichtig, macht jedoch nur einen Teil des Erfolgs aus. Den anderen Teil, wie wir besprochen haben, bestimmt die innere Haltung, mit der jemand eine Gewohnheit umsetzt.

Jeder Mensch verdient es, ein bewusst lebendiges Leben zu führen, doch es bedingt, dass wir die Schritte dafür unternehmen. Innere und äußere Handlungsschritte, wie das Erlangen von Klarheit, die Standortbestimmung und das Aufdecken und Überwinden verborgener Erfolgshemmer sind wichtige erste Schritte.

Ergänze.

Für mich bedeutet Erfolg:

Kapitel 7

9 wichtige Erfolgsgewohnheiten

Was Erfolg für dich bedeutet, kannst nur du selbst definieren. Die folgenden 9 Erfolgsgewohnheiten aber beziehen sich auf den Erfolg, bei dem eine gesunde Balance groß geschrieben wird. Wenn du dich dabei ertappst zu denken "Diese Erfolgsgewohnheit kenne ich schon", denkst du an Heraklits Worte: "Man kann nicht zweimal in denselben Fluss steigen, weil es sich weder um denselben Fluss noch denselben Menschen handelt." Frage dich lieber: *Wie regelmässig und konsequent pflegst du diese Gewohnheit und wie könntest du sie noch effektiver in dein Leben integrieren?*

1. Erfolgsgewohnheit: Du brauchst einen Traum.

Nur wenn du deine Ziele kennst, kannst du sie auch erreichen. Das klingt äußerst banal. Und doch laufen die meisten Menschen ziellos durchs Leben. Sie lassen sich hierhin und dorthin schubsen und ergreifen sich bietende Gelegenheiten, ohne vorher zu prüfen, ob sie sich im Einklang mit ihren Zielen und Visionen befinden. Seine Ziele zu kennen ist der erste Schritt zum Erfolg. Deine Ziele sind die Grundlage für deinen Traum eines idealen Lebens.

Viele Menschen erlauben sich einen solchen Traum nicht, weil sie ihr Leben allein nach ihren momentanen Möglichkeiten ausrichten. Sie machen die Entscheidung, welches Auto sie fahren, welche Reisen sie unternehmen und wo sie wohnen wollen, allein von der Höhe ihres momentan verfügbaren Einkommens abhängig. Sie nehmen also ihre Situation als unabänderlich hin und richten ihr komplettes Leben danach aus.

Wenn du also rundum erfolgreich sein willst, musst du zuerst deine Ziele definieren. Dies ist ein Muss, keine Option. Frage dich, was du alles erreichen möchtest. Dabei ist deine momentane Situation nicht entscheidend. Frage dich, wie du handeln und leben möchtest, ohne dass Geld oder Zeit dabei eine Rolle spielt. Du gehst einfach davon aus, dass Geld und Zeit im Überfluss vorhanden ist. Du stellst dir das Leben, das du führen möchtest, in allen Facetten vor. Du darfst dabei ruhig in großen Dimensionen denken. Also, welches Auto möchtest du fahren, welche Kleidung und welchen Schmuck möchtest du tragen? Wie willst du wohnen? Wie soll dein Traumhaus aussehen? Welche Urlaubsreisen willst du unternehmen und in welchen Hotels willst du übernachten? Was möchtest du erleben? Wie möchtest du dich fühlen? Welcher Arbeit möchtest du nachgehen? Für was möchtest du in Erinnerung bleiben? Es ist sehr wichtig, dass du dir dein Traumleben wirklich bildhaft vorstellst. Dieser Traum ist dein Fundament, auf dem alle anderen Erfolgsgewohnheiten stehen. Doch einen Traum zu haben, reicht alleine noch nicht aus. Um erfolgreich zu sein, musst du auch das brennende Verlangen in dir spüren, diesen Traum Wirklichkeit werden zu lassen. Selbstverständlich geht es dabei nicht allein um materiellen Reichtum. Es geht auch darum, dass du zu der Person wirst, die zu diesen Zielen passt, dass du also gezielt persönliche Entwicklung erlebst.

Deinen Traum und das brennende Verlangen, ihn zu verwirklichen, darfst du dir von nichts und niemandem nehmen lassen. Viele Menschen sabotieren sich an diesem Punkt selbst, indem sie sich fragen, woher sie das Geld nehmen und wie sie es schaffen sollen, ihren Traum zu leben. Doch in der Frage nach dem Wie steckt die Haltung des Durchschnitts. Siegertypen und erfolgreiche Persönlichkeiten verschwenden niemals als Erstes einen Gedanken an das Wie. Sie definieren immer zuerst ihre Ziele und entwickeln ein brennendes Verlangen, diese umzusetzen. Egal ob du eine florierende Selbständigkeit anstrebst, dir dein Traumauto kaufen, ein Buch veröffentlichen oder deinen Traumpartner kennenlernen möchtest, immer musst du als erstes dein Ziel definieren und ein brennendes Verlangen in dir entfachen, dieses Ziel zu erreichen.

Übrigens stammt diese erste Erfolgsgewohnheit nicht von mir. Napoleon Hill hat sie bereits in seinem Buch

Denke nach und werde reich beschrieben. Anfang des 20. Jahrhunderts arbeitete Napoleon Hill für Andrew Carnegie, den damals reichsten Menschen der Welt. Von ihm und 500 weiteren erfolgreichen Persönlichkeiten, die er 20 Jahre lang intensiv studierte, lernte er die Erfolgsgesetze, die bis dahin ein gut gehütetes Geheimnis und Privileg einer elitären Gesellschaft waren.

Ein großes Ziel, das ich seit Langem erreichen möchte und das mich meinem Traumleben näher bringt, ist:

Wie ich dafür mein brennendes Verlangen jeden Tag neu entfachen könnte, ist:

2. Erfolgsgewohnheit: Du sollst dich gut fühlen, wenn du an deine Ziele denkst.

Wie fühlst du dich, wenn du an deine Ziele denkst? Gehörst du vielleicht sogar zu den Menschen, die sich bei dem Gedanken an ihre Ziele genau deshalb schlecht fühlen, weil sie diese noch nicht erreicht haben? Paradoxerweise sind es dann genau diese Gefühle, die verhindern, dass deine Ziele Wirklichkeit werden. Sich gut zu fühlen, wenn man an seine Ziele denkt, ist der Schlüssel zum Erfolg. Möglicherweise fragst du dich, wie es dir gelingen soll, dich in deiner momentanen Situation bei dem Gedanken an deine

Ziele gut zu fühlen. Hierzu möchte ich dich zu einer gedanklichen Reise einladen. Stell dir vor, du nimmst an einem meiner Seminare teil. In der Pause komme ich auf dich zu und sage: „Heute ist dein Glückstag. Wir haben soeben deinen Namen gezogen und du gingst als Gewinner hervor. Du hast soeben 1.000.000 € in bar gewonnen." Wie fühlst du dich? Sehr wahrscheinlich wirst du dich von einer auf die andere Sekunde besser fühlen, obwohl diese Situation nur in deiner Vorstellung existiert. Deine Realität hat sich nicht verändert, aber dein Denken. Es sind also allein deine Gedanken, die eine Veränderung deiner Gefühle auslösen.

Gehen wir in diesem Gedankenexperiment noch einen Schritt weiter. Stell dir nun vor, wie wir dir einen Scheck über 1.000.000 €, der auf deinen Namen ausgestellt ist, überreichen. Auf diesem Scheck ist vermerkt, dass du ihn erst in zwei Jahren einlösen darfst. Auch wenn du das Geld nicht sofort bekommst, wirst du dich gut fühlen und dich bereits heute darüber freuen. Genau so musst du dich auch fühlen, wenn du an deine Ziele denkst. Angenommen, du hast das Ziel, in einem halben Jahr dein Buch zu veröffentlichen. Dann musst du daran glauben, dass dir dieser Erfolg bereits heute gehört. Die Sache ist absolut. Dein Buch wird veröffentlicht. Auch wenn du es erst in einem halben Jahr mit anderen teilen kannst, darfst du dich heute schon über dein Buch freuen und dich gut dabei fühlen. So sollst du dich auch fühlen, wenn du an alle anderen Ziele denkst.

Wie ich mich von nun an fantastisch fühlen könnte, wenn ich an meine Ziele denke, ist:

3. Erfolgsgewohnheit: Umgib dich mit gleichgesinnten Menschen.

Menschen, die keinen Erfolg im Leben haben, haben eine Gemeinsamkeit. Sie umgeben sich mit Menschen, die ihre Träume im Keim ersticken, ihre Visionen und Ziele belächeln oder sie sogar dafür verurteilen. Diese Traumräuber versagen ihnen nicht nur die nötige Unterstützung, damit sie ihre Ziele erreichen. Sie sagen ihnen auch immer wieder, dass ihnen ihr Vorhaben, wie finanziell unabhängig zu sein und ihre Vision zu leben, nicht gelingen werde. Erfolgreiche Menschen hingegen haben Familienmitglieder, Freunde, Kollegen und andere Menschen um sich herum, die ihre Träume und Ziele unterstützen. Und wenn sie nicht vorhanden sind, kreieren sie sich ein positives Umfeld. Dein Erfolg hängt also nicht zuletzt davon ab, mit welchen Personen du die meiste Zeit verbringst. Es ist sehr wichtig für deinen Erfolg, dass du Freundschaften mit Menschen schließt, die so denken wie du, die Träume und Ziele haben wie du und die dich ebenso unterstützen und antreiben wie du sie.

Wenn du Erfolg haben und in Fülle leben möchtest, umgibst du dich mit gleichgesinnten Menschen, die an dich glauben, dich inspirieren und dir Mut machen, weil sie sich deinen Erfolg wünschen. Denk dran, Erfolg ist mehr als herausragende Leistungen in nur einem Bereich des Lebens.

Vielleicht fragst du dich jetzt, wo du solche Menschen kennenlernen kannst. Nun, du kannst an Seminaren und Netzwerktreffen teilnehmen oder Mitglied einer Gemeinschaft erfolgsorientierter Menschen werden. Eine weitere Möglichkeit ist, dass du erfolgreiche Personen interviewst, an Webinaren und Teleseminaren teilnimmst oder inspirierende Videos von erfolgreichen Personen anschaust. Sehr wichtig ist auch, dass du dir einen Coach oder Mentor suchst, der selber erfolgreich ist, der an dich und deinen Erfolg glaubt und der dich auf deinem Weg unterstützt. Eine solche Form von Unterstützung anzunehmen hat nichts mit Schwäche zu tun, noch bedeutet es, dass wir unfähig sind die Dinge alleine zu meistern. Leistungssportler und Top-Leute in allen Branchen wissen das und scheuen sich nicht davor, sich unter die Arme greifen zu lassen. Ihr rundum Erfolg gibt ihnen recht.

Menschen, die an mich und meine Vorhaben glauben und die mich dabei unterstützen könnten, sind:

4. Erfolgsgewohnheit: Deine Worte entscheiden über deinen Erfolg.

Ertappst du dich auch manchmal dabei, dass du Sätze aussprichst, wie „Ach was, das wird nie funktionieren“, „Ach, ich habe kein Glück in meinem Leben“, „Oh Gott, mir fehlt das Geld und Zeit habe ich auch nicht genug“, „Heute fällt mir alles schwer“ oder „Ich weiss nicht, wie ich erfolgreich sein kann“? Oder, wenn dich jemand fragt, wie es dir geht, antwortest du „Oh, nicht schlecht“?

Oft sagen wir solche Sätze, ohne zu überlegen oder aus purer Gewohnheit. Doch es ist entscheidend für unseren Erfolg, welche Worte unseren Mund verlassen. *Wir erhalten, was wir aussprechen.* Lies diesen Satz noch einmal durch. Die Tragweite dieser fünf Worte ist enorm.

Es macht nämlich einen großen Unterschied, ob wir über Dinge sprechen, die wir wollen oder die wir nicht wollen. Oder ob wir in Gesprächen Dinge sagen, die uns und anderen Mut machen oder die uns und unsere

Gesprächspartner entmutigen.

Worte sind sehr kraftvoll. Erfolgreiche Menschen wählen deshalb positive Worte und Formulierungen, um das auszudrücken, was sie wirklich wollen. Wenn du in jedem zweiten Satz "Ich muss" oder "Ich habe keine Zeit" verwendest, wirst du genau das erleben. Du fühlst dich ständig unter Druck gesetzt und dir fehlt die Zeit. Das gleiche gilt, wenn dich jemand fragt, wie es dir geht. Wenn du antwortest „Mir geht's schlecht", wird dein Körper Stresshormone freisetzen. Wenn du hingegen sagst "Mir geht´s blendend" oder „Mein Tag verläuft hervorragend", wirst du das auch auf der körperlichen Ebene spüren. Das bedeutet nicht, dass du dir oder anderen etwas vormachen musst. Wenn dein Leben gerade schwierig verläuft, solltest du dich natürlich um die nötigen Schritte bemühen, um die Schieflage auszugleichen. Diese Schritte gelingen dir aber umso besser und leichter, wenn du bewusst Worte wählst, die ausdrücken, was du erreichen möchtest.

Die folgenden Worte und Sätze könnte ich ab sofort aus meinem Vokabular streichen:

5. Erfolgsgewohnheit: Denke an das, was du willst.

Worüber denkst du am meisten nach? Über die Dinge,

die du willst oder die du nicht willst? Viele Menschen denken zuerst an das, was sie nicht wollen und wundern sich dann, wenn diese Ereignisse genau so in ihr Leben treten. Earl Nightingale bringt es in seinem Werk „Das seltsamste Geheimnis“ auf den Punkt: Du wirst zu dem, worüber du am meisten nachdenkst.[3] Für deinen Erfolg ist es sehr wichtig, dass du dir deine Ziele immer wieder vor Augen hältst. Denke so häufig wie möglich an das, was du willst, fühle dich gut dabei und *stelle dir vor,* wie du dein Ziel bereits erreicht hast. So legst du den Grundstock für die Realisierung deiner Ziele.

Wenn ich vermehrt an das denke, was ich will, wäre es das:

6. Erfolgsgewohnheit: Nutze die Kraft und Inspiration von Büchern.

Informationen prasseln 24 Stunden am Tag auf uns ein. Dabei beeinflusst das, was wir über Radio, Fernsehen, Internet, Zeitungen und im Gespräch von Mensch zu Mensch aufnehmen, durchaus unser Denken. Viel zu oft lassen wir es zu, dass erfolgshemmende Gedanken und Glaubensmuster in uns ausgelöst oder verstärkt werden. Negative Gedanken werden schnell zur Gewohnheit, so dass wir negative Schwingungen aussenden und damit noch mehr unerwünschte Umstände erschaffen – ein Teufelskreis. Um glücklich zu sein und erwünschte Umstände in dein Leben zu ziehen, solltest du also deine Gedanken und Glaubensmuster verändern. Dabei sind Bücher und inspirierende Audio-Programme hervorragend geeignet, um negative Gedanken zu korrigieren.

Wichtig ist, dass du jeden Tag liest. Selbst, wenn es nur ein einziger Satz ist. Bücher haben eine kraftvolle Schwingung. Eine andere Möglichkeit sind inspirierende Hörbücher und Audio-Programme. Ihre Inhalte saugt unser Gehirn auf wie ein Schwamm. Audios sind deshalb eine einfache Möglichkeit, negative Gedanken und die damit verbundene negative Schwingung, die du ins Universum schickst, zu transformieren. Sie sind also äußerst wichtig, damit du Unerwünschtem den Nährboden entziehen kannst. Inspirierende Audios sorgen dafür, dass du deine Gedanken und deine innere Haltung auf Erfolgskurs bringst.

Ich könnte Bücher in den folgenden Bereichen lesen:

Mit diesem Buch beginne ich:

7. Erfolgsgewohnheit: Gönne anderen den Erfolg und freue dich mit ihnen.

Selber wünschst du dir, dass du gesund bist und es dir gut geht. Doch wie gehst du mit der Fülle um, die du bei erfolgreichen Menschen beobachtest? Hast du dich schon einmal dabei ertappt, wie du über den Erfolg einer anderen Person gelästert hast? Hast du den Erfolg einer anderen Person schon einmal abgewertet, indem du ihn als unehrlich oder nicht erstrebenswert abgetan hast? Warst du schon einmal neidisch auf eine Person, die gemäß deiner eigenen Einschätzung mehr erreicht hat, besser da stand oder glücklicher war als du?

Die Wahrheit ist, dass die Grundlage für Erfolg im Leben nicht gefestigt ist, solange du auf erfolgreiche Menschen neidisch bist, sie verurteilst oder sogar als unredliche Personen betrachtest. Wie alles im Leben hat auch Neid eine Schwingung. Und diese Schwingung schiebt alles, was du sein, haben und tun möchtest, von dir weg. Jedes Mal, wenn du einer anderen Person den Erfolg nicht gönnst , neidisch bist oder sie deswegen sogar verurteilst, verschließt du deine eigenen Tore zu mehr Fülle, Erfolg und Zufriedenheit. Erst wenn du dich von ganzem Herzen über den Erfolg anderer, ihre harmonische Beziehung oder ihre häufigen Urlaube freuen kannst, ebnest du den Weg für deinen eigenen Erfolg. Beobachte also von heute an dein Verhalten. Achte auf deine Gedanken, deine Gefühle und deine Äußerungen in Bezug auf den Erfolg anderer Leute. Beginne heute, den Erfolg anderer anzuerkennen und dich darüber zu freuen, als wäre es dein eigener Erfolg. Gratuliere anderen zur Verwirklichung ihrer Ziele und erkenne ihre großartige Leistung an. Damit würdigst du auch deine eigenen Meilensteine. Du entwickelst ein Bewusstsein für deine eigene Größe und bekommst immer mehr Anerkennung für deine Leistungen.

Eine hervorragende Möglichkeit, von heute an den Erfolg anderer ebenso anzuerkennen wie deinen eigenen ist das Dankbarkeitstagebuch. Kaufe dir hierzu ein schönes Notizbuch und halte jeden Abend vor dem Schlafengehen fünf Dinge fest, für die du dankbar bist, die dir Freude bereitet haben oder die du erfolgreich gemeistert hast. Es ist wichtig, dass du diese Einträge unmittelbar vor dem Schlafengehen vornimmst. Wir wissen heute, dass die letzte Stunde vor dem Einschlafen eine äußerst wichtige Phase für den eigenen Erfolg ist. Die Informationen, Bilder, Gedanken und Prägungen der letzten Stunde vor dem Einschlafen nimmst du mit in den Traum. Wenn du in diesem Zeitfenster die Nachrichten mit ihren Negativschlagzeilen schaust, dir über deine finanzielle Situation den Kopf zerbrichst, im Internet herum surfst oder dich über dein Smartphone mit digitalen Reizen bombardieren lässt, nimmst du die negative Schwingung mit in den Schlaf. Diese Schwingung bildet dann das Fundament für den nächsten Tag. Wiederholst du das Ganze am darauffolgenden Tag, beschleunigst du die Negativspirale. Als Folge entspricht dein Leben immer weniger dem, was du dir erträumst.

Wenn du hingegen erfreuliche Dinge Revue passieren lässt, schläfst du nicht nur besser, sondern du stellst dich bereits am Vorabend auf einen wundervollen neuen Tag ein. Du kannst auch ein inspirierendes Buch lesen, meditieren, deinen Körper dehnen oder Musik hören. Vielleicht ist es auch eine gute Zeit, um dich ungestört mit deinem Partner zu unterhalten oder dich mit deinen Träumen und Zielen zu beschäftigen. In jedem Fall solltest du das Ganze am nächsten Tag wiederholen. So begibst du dich allmählich in eine positive Vorwärtsspirale – dein Leben entspricht immer mehr dem, was du dir erträumst.

Personen, deren Erfolg ich bislang beneidete und für die ich mich ab jetzt freuen könnte, beinhalten:

8. Erfolgsgewohnheit: Stifte Freude.

Menschen streben immer danach, sich gut zu fühlen und Freude zu empfinden. Gute Gefühle versetzen nicht nur den Geist in eine hohe Schwingung, auch der Körper profitiert davon. So produziert der Körper, wenn wir uns freuen, mehr sog. Glückshormone wie Endorphine, Serotonin und Dopamin, das u.a. Antrieb und Motivation steuert. Gefühle beeinflussen auch unseren Herzschlag. Wenn wir Freude oder Liebe empfinden, schlägt unser Herz harmonischer.

Natürlich stellt sich anfänglich ein Gefühl der Freude nicht immer „auf Knopfdruck" ein. Sicher kennst auch du Situationen, in denen es dir schwerfällt, Freude zu empfinden oder sogar weiterzugeben. Letztlich hast du es aber in der Hand, hier eine Entscheidung zu treffen und Freude zu *erzeugen.*

Auch wenn du dich schlecht fühlst, hast du eine, wenn auch meist unbewusste, Entscheidung getroffen. Denk also immer daran, dass es in jeder Situation möglich ist, sich gut zu fühlen und frage dich, wie es dir gelingen kann, mehr Freude in dein Leben zu lassen und damit Körper und Geist in eine hohe Schwingung zu bringen, die noch mehr Positives anzieht.

Dabei hilft dir ein universelles Gesetz, wonach du alles, was du in deinem Leben haben möchtest, generieren kannst, indem du es für andere Menschen tust. Solltest du also gerade eine „schwere Zeit" durchmachen, frage dich, was du heute tun kannst, um einer anderen Person eine kleine Freude zu bereiten. Nach dem Gesetz der Resonanz kommt diese

Freude zu dir zurück. Es lohnt sich auch, dir eine Zeit in Erinnerung zu rufen, in der du viel Erfreuliches erlebt hast. Wie hat sich dein Leben damals angefühlt? Welche Gedanken und inneren Bilder verbindest du mit dieser Zeit? Erlebe diese Gefühle erneut und du wirst sehen, dass sich deine Stimmung wie von selbst aufhellt.

Wie ich Freude für mich und andere stiften könnte, ist:

9. Erfolgsgewohnheit: Lege besonderen Wert auf deine Energie.

Energie ist alles im Leben oder anders ausgedrückt, alles besteht aus Energie. Es ist erstaunlich, wie wenige Menschen sich bewusst und fortwährend um ihre persönliche Energie kümmern. Bei Energie denken die meisten an die körperliche Energie oder den Fitnesslevel. Doch unsere Energie ist weitaus mehr als das. Wir betrachten uns nun sieben entscheidende Bereiche, mit denen du deine Energie um 30% steigern kannst. Bitte bedenke:

- Nur, weil du etwas schon kennst, heisst es längst nicht, dass du es regelmäßig und effektiv anwendest. Hier beginnt deine nächste Stufe!
- Energie ist eng verknüpft mit unserem Selbstbewusstsein, das Fundament für den langanhaltenden rundum Erfolg.

Schlafe dich fit.

Wie viele Stunden Schlaf gönnst du dir jede Nacht? *"Fünf bis sechs Stunden"*, erwidern erschreckend viele. *"Jede Nacht fünf bis sechs Stunden?"*, hake ich nach? *"Ja, richtig."* Am Erfolg mangelt es diesen Personen oft nicht und darüber hinaus sind es grossartige Menschen, die sich seit vielen Jahren auf einem überdurchschnittlichen Level an Energie und Elan bewegen. Sie entschieden sich für Coaching, weil sie die nächste Ebene von Fortschritt, Erfolg und Erfüllung im Leben erreichen wollen. *"Fünf bis sechs Stunden. Wie fühlst du dich dabei?"*, möchte ich weiter wissen. "*Ich komme sehr gut mit so wenig Schlaf aus. Manchmal bin ich am Abend etwas zu müde für gewisse Dinge."* Da haben wir es! Selbst wenn die Energie auch am Abend noch vorhanden wäre, was uns die Ergebnisse von 50 Jahre Schlafstudien liefern, ist eindeutig: Jeder erwachsene Mensch braucht täglich sieben bis neun Stunden Schlaf. Jede Nacht.

Wenn dir das unmöglich oder übertrieben vorkommt, bist du nicht alleine. Viele Menschen haben ihr Leben so arrangiert, dass sie keine Zeit haben zu schlafen. Aber in Wirklichkeit ist das Gegenteil der Fall: Kein Mensch kann es sich auf Dauer leisten, nicht zu schlafen.

Das erste, was bei chronischem Schlafmangel schwindet, ist unser Selbstvertrauen. Und wie sich herausstellte, spielt das Selbstvertrauen eine bedeutendere Rolle für den Erfolg in allen Lebensbereichen, als angenommen. Weiter werden die Gesundheit, die Erholung, die Resilienz und kognitiven Fähigkeiten stark in Mitleidenschaft gezogen. So wirken sich 17 Stunden ohne Schlaf auf das Reaktionsvermögen wie ein Alkoholpegel von 0,5 Promille aus, 22 Stunden ohne Schlaf entsprächen dann bereits 1,0 Promille.[4]

Aber es gibt doch bestimmt Ausnahmen. Ja, die gibt es: Menschen, die sich einreden, dass sie mit wenig Schlaf gut auskommen. Aber was wäre für sie möglich, wenn auch ihre Nachtruhe *acht* Stunden dauern würde? Ihre *geistigen Fähigkeiten* würden sich um *30% erhöhen;* nur, weil sie anstatt sechs Stunden täglich zwei zusätzliche Stunden schlafen. Und was, wenn du nicht schlafen kannst? Hier sind einige grundlegende Dinge, die es zu beachten gilt:

- Verbringe die letzten 90 Minuten vor dem Schlafen ohne Bildschirme (Fernseher, PC, Handy, etc.) und verzichte auf das Konsumieren negativer Schlagzeilen. Zum einen ist der visuelle Kortex eng verbunden mit der geistigen Aufmerksamkeit und Wachheit und zum anderen nehmen wir die Informationen, die wir in den letzten Stunden vor dem Schlafengehen konsumieren, mit ins Bett.

- Stelle sicher, dass du die Lichter im Haus dimmst, um deinen Körper allmählich auf die Produktion von Melatonin (dem „Schlafhormon“) vorzubereiten.
- Nimm drei Stunden vor dem Schlafen keine Nahrung auf, damit dein Magen nicht überfüllt ist.
- Schlafe in einem komplett dunklen und möglichst ruhigen Raum.
- Bewahre dein Handy nicht im Schlafzimmer auf, um die Einwirkung elektromagnetischer Felder zu verhindern (die Beeinflussung der Hirnwellen wirkt sich auch auf die Schlafqualität aus.) Der Flugmodus verhindert zwar die Übertragung von Radiofrequenzen, doch solange das Gerät an ist, produziert es immer noch schwache, elektromagnetische Felder.
- Achte auf eine tägliche, ausreichende Hydrierung.
- Ernähre dich so, dass du dich nicht überfüllt und gebläht fühlst.
- Kühle die Raumtemperatur auf 20 - 21 Grad Celsius, was sich als optimal für den gesunden Schlaf herausstellte.

Täglich 8 Stunden Schlaf ist die erste Strategie, um jeden Tag mehr Energie und folglich mehr *Erfüllung* zu haben. Während der Nachtruhe läuft in deinem Gehirn eine Art Spülvorgang, bei dem Schadstoffe herausgewaschen und Hormone für die körperliche und geistige Erneuerung ausgeschüttet werden. Ein gesundes Gehirn ist für den langanhaltenden Erfolg und eine hohe Lebensqualität unerlässlich.

Wie ich meinen Schlaf optimieren könnte, ist:

Trinke genug stilles Wasser.

Rund 75% unseres Körpers bestehen aus Wasser. Bekannte Fakten. Und doch gelingt es so vielen Menschen, täglich kaum mehr Wasser zu trinken als sie ihrem Basilikum in der Küche geben.

Eine gängige Empfehlung lautet 2 Liter stilles Wasser pro Tag, doch dafür gibt es keine wissenschaftliche Grundlage. Andere Quellen sprechen von 3 - 5 Litern Flüssigkeit, wobei auch Tee mitgerechnet werden kann. Solche Mengen lassen viele erahnen, wo sie ihre meiste Zeit verbringen werden. Aber aus eigener Erfahrung weiss ich, dass dem nur anfänglich so ist. Der Körper stellt sich schnell auf die erhöhte Flüssigkeitsmenge ein. Du kannst auch etwas Himalaya- Salz beifügen und die Wasseraufnahme so zusätzlich erhöhen.

Bei vorhandenen Nieren-, Herz-Kreislauf- sowie weiteren Problematiken, solltest du natürlich immer mit deinem Arzt sprechen, bevor du die Flüssigkeitszufuhr erhöhst. Aber bei einem gesunden Menschen sind die Folgen chronischer Dehydrierung weitaus fataler. Allen voran schwindet bei zu geringer Flüssigkeitszufuhr unsere körperliche und geistige Leistungsfähigkeit.

Täglich 3 - 5 Liter reines, stilles mit wahlweise etwas Himalaya-Salz angereichertem Wasser zu trinken, ist ein hervorragendes Mittel, um deinen körperlichen und geistigen Energielevel zu erhöhen und zu halten.

Wie ich die Flüssigkeitszufuhr optimieren könnte, ist:

Bewege dich regelmäßig.

Regelmässige Bewegung und der tägliche Energielevel sind proportional verwandt miteinander. Ein Bewegungsmangel senkt unseren Energielevel so, wie ihn regelmässige Bewegung ansteigen lässt. Und umgekehrt fühlen wir uns umso motivierter, uns zu bewegen, je höher unser Energielevel ist. Dafür müssen wir nicht zwingend ins Fitness Studio gehen oder hoch ambitionierten Freizeitsport betreiben. Täglich 30 Minuten zügig spazieren ist ein guter Anfang und ein einfaches Mittel, um den Energielevel hochzuschrauben.

Bekanntlich belassen es aber viele beim Anfang oder kommen erst gar nicht darüber hinaus. Zu wenig Zeit, keine Motivation, keine Energie und andere Ausreden müssen gerne als Erklärungen hinhalten. Was sind die Konsequenzen? Wir müssen keine Experten sein, um zu erkennen, dass uns fehlende Bewegung eingrenzt und buchstäblich starr werden lässt. Und mittlerweile beweisen dies sogar Studien: Mangelnde Bewegung verklebt unsere Faszien.

Vorwärts*bewegung* ist der natürliche Trend des Lebens. Jede Lebensform strebt nach höherer Ordnung, sofern sie nicht von Menschenhand davon abgehalten wird. Was unseren Körper abhält, im Fluss zu bleiben, ist unter anderem mangelnde Bewegung.

Eine weitere, ebenso wichtige Bewegungsform ist *Dehnen*. Regelmässiges Dehnen der Muskeln führt zu einer erhöhten Mobilität der Muskeln und Gelenke. Die Folge? Wir richten uns auf und alle Körpersysteme werden entlastet und wir fühlen uns besser. Dank neuesten Forschungen aus der Neurowissenschaft wissen wir, dass die Körperhaltung selbst die Freisetzung der Hormone und damit unser Befinden und Verhalten beeinflusst.

Täglich 30 Minuten zügig spazieren und regelmässiges Dehnen, sind ein guter Anfang und einfaches Mittel, um täglich mehr Energie zu generieren.

So könnte ich meine Bewegung steigern:

Nutze die Magie regelmässiger Pausen.

Es ist erstaunlich, aber wahr: In der westlichen Welt werden Pausen noch heute als Produktitivätskiller angesehen. Dabei wissen wir, dass regelmässige Pausen die Produktivität enorm steigern. Warum? Grund dafür ist die kurze menschliche Aufmerksamkeitsspanne. Nach 50 bis spätestens 90 Minuten lässt diese drastisch nach. Doch wir puschen weiter und wundern uns, warum wir abends so ausgelaugt sind.

Ein Einwand könnte sein, dass die fehlenden Pausen auf deinen Flow zurückzuführen seien. Mit anderen Worten bist du bei deiner Arbeit so inspiriert, dass du vor lauter Konzentration die Zeit vergisst. Und das passiert und ist wunderbar. Dennoch lohnt es sich auch in diesem Fall nach spätestens 90 Minuten eine kurze Pause einzulegen, weil sonst dein Energielevel später stark abfallen kann.

Regelmässige Pausen von 1 - 10 Minuten erhöhen von alleine die *Konzentration* und *Leistungsfähigkeit*. Aber die tatsächliche Magie entsteht erst durch die richtige Pausengestaltung. Natürlich können Arbeitspausen für einen Kaffee und eine Zigarette genutzt werden. Aber ebenso gut können wir sie nutzen, um gezielt den Energielevel hochzufahren. Wie? Z.B. mit einem Glas Wasser, ein paar Atemübungen, Bewegungen oder einfachen Dehnübungen.

Was bringt uns ein hoher Energielevel? Lebensqualität! Und durch die Steigerung der Produktivität schaffen wir mehr Zeit für uns, unsere Hobbies und geliebten Menschen.

Regelmässige, kurze Pausen im Abstand von 50 bis 90 Minuten erhöhen und halten den Energielevel aufrecht.

Das inspiriert mich zu den folgenden Schritten:

Erhole dich.

Wenn wir jeden Tag die richtigen Strategien anwenden, brauchen wir keinen Urlaub, um uns von den Strapazen des Alltags zu erholen. Auszeiten zählen aber dennoch zu einem wichtigen Wegbegleiter, denn ein Tapetenwechsel kann neue Inspiration, Kreativität und Energie hervorbringen – vorausgesetzt wir bemühen uns aktiv darum.

Im Sport ist allgemein bekannt, dass der Muskel nicht während dem Training, sondern der Erholungsphase wächst. Dies natürlich umso effektiver, wenn wir uns während der Erholung richtig ernähren, ausreichend Wasser trinken, genug schlafen, Giftstoffe vermeiden und unsere innere Haltung auf Erfolg ausrichten.

In den übrigen Lebensbereichen verhält es sich genau gleich. Das Wachstum passiert während der Erholungsphase. Erholung bedeutet nicht zwingend, dass wir alles liegen lassen und für zwei Wochen verreisen, denn diese Option ist für die meisten Menschen nur begrenzt möglich. Oder wo Geld im Überfluss vorhanden ist, verhindern möglicherweise andere Verpflichtungen regelmässige Auszeiten.

Erholung ist etwas, das wir *täglich* brauchen und sie beginnt mit der *Reflexion*. Evaluierende Fragen wie: *Wie lief der heutige Tag?, Was habe ich heute gut hingekriegt?, Was könnte ich morgen sogar noch besser machen?* verschaffen geistige Freiräume. Und es sind diese Freiräume, die für die wirkliche Erholung verantwortlich sind.

Welche weiteren Möglichkeiten der Erholung gibt es? Einige Beispiele sind Zeit in der Natur zu verbringen, Meditation oder den Gedanken freien Lauf lassen, während du dein Umfeld beobachtest.

Tägliche Erholung ist ein wichtiger Schlüssel für einen hohen Energielevel.

Wie ich mich noch bewusster erholen könnte, ist:

Bewahre dir deinen Morgen.

Es klingt widersprüchlich, aber Struktur schafft Freiheiten. Wenn wir morgens aufwachen und uns als Erstes im Handy verlieren, die Nachrichten schauen oder andersweitig planlos in den Tag starten, verschenken wir damit eine Unmenge an produktiver Kraft und letztlich Erfüllung. Wie startest du deine Tage? Hast du ein tägliches Ritual, um dich erfolgreich auf den Tag einzustellen? Weisst du, was du erreichen möchtest, oder lässt du wie viele andere alles auf dich zukommen?

Ich weiss noch gut, wie ich mich anfänglich sehr gegen den Gedanken eines Morgenrituals wehrte. Als Freigeist habe ich Strukturen in jeder Hinsicht verabscheut. Je mehr ich mich aber mit den Gewohnheiten erfolgreicher Menschen beschäftigte, desto mehr wurde mir bewusst, dass *Erfolg Struktur bedingt.* Erfolg können wir mit jedem beliebigen Wort ersetzen: Gesundheit, Liebe, Erfüllung, Freude, Lebenssinn, etc.

Einer der Hauptgründe, warum viele Menschen nicht mehr erreichen im Leben – oder zumindest *mehr von dem, was sie erfüllt* – ist, dass sie sich zu sehr ablenken lassen. Anstatt ihre Tage zu planen, verlieren sie sich in irrelevanten Aktivitäten. Ablenkungen können nicht immer verhindert werden, so wie bewusst unstrukturierte Tage ihren Platz haben, aber lasse dich genug ablenken und dein Energielevel schwindet durch deinen Frust.

Probiere stattdessen *ein effektives, tägliches Morgenritual.* Hier sind die wichtigsten Inhalte meines Morgenrituals:

Nach dem Austehen meditiere ich für 20 Minuten, trinke 1 Liter stilles Wasser gefolgt von einem Protein-Shake, schreibe in mein Tagebuch und lese je nach Zeit in einem positiven, inspirierenden Buch. Nach einigen Körper- und Dehnübungen und einer Dusche mit kaltem Abgang folgt mein tägliches, eiweissreiches Frühstück. Abschließend plane und gehe ich durch meinen Tag.

Wie sieht dein Morgenritual aus?

Ein tägliches Morgenritual bringt uns nicht nur Zeit für uns, sondern es stellt bei entsprechender Gestaltung sicher, dass wir jeden Tag in unserer Kraft beginnen und langfristig mehr von dem erreichen, was uns wirklich erfüllt – was unseren Energielevel zusätzlich enorm hochschraubt.

Wie ich meinen Morgen optimal gestalten könnte, ist:

Lebe jetzt.

Stop ... Wo bist du jetzt mit deinen Gedanken?

Das Leben passiert in diesem Augenblick und doch verlieren wir uns so oft in der Vergangenheit oder Zukunft. Was war, können wir nicht mehr ändern. Das Einzige, was wir verändern können, ist *unsere Einstellung.* Und unsere Einstellung prägt auch unsere Zukunft.

Das Aufmerksamsein im Hier und Jetzt ist kraftvoll, aber es fällt den meisten nicht immer leicht. Sie beschäftigen sich mit einer Sache, während sie mit ihren Gedanken bereits drei Schritte weiter sind. Sie unterhalten sich mit jemanden und überlegen sich gleichzeitig, was sie heute noch alles erledigen sollen. Sie sind gedanklich abwesend beim Essen, beim Arbeiten, beim Sport und beim Interagieren mit anderen Menschen.

Sie haben es geschafft, ein Leben basierend auf äusseren Reizen zu kreieren und meisterhaft zu leben. Jeder Moment rauscht an ihnen vorbei. Sie streben nach fernen Zielen, hängen in der Vergangenheit fest oder verwünschen diesen Augenblick. Eine Frage aber bleibt:

Wann passiert das Leben? *Jetzt, in diesem Moment.*

Der jetzige Augenblick hat alles, was wir brauchen. Schwer zu begreifen, aber wir müssen nur hinspüren. Es reicht die Frage *"Was fühle ich jetzt gerade?"*. Oder lenke die Aufmerksamkeit auf deinen Atem. Wie atmest du jetzt gerade?

Im jetzigen Moment zu leben bedeutet nicht, dass wir uns von der Hektik des Alltags abschotten müssen. Das Leben im Hier und Jetzt bedeutet, dass wir alle Facetten des Lebens bewusst durchleben. Und das gelingt uns, indem wir uns in einer *beliebigen* Situation immer wieder auf *diesen Augenblick* konzentrieren. Wir müssen uns nur immer wieder daran erinnern.

Sich in einer *beliebigen* Situation immer wieder auf *diesen* Augenblick zu konzentrieren, steigert nicht nur die Energie, sondern bringt uns zurück ins Leben.

Wie ich vermehrt im Augenblick leben könnte, ist:

Ernähre dich energiebewusst.

Stelle dir vor, dass in jedem Lebensmittel Informationen für deinen Körper stecken. Lebensfördernde und lebensvernichtende Informationen. Dabei handelt es sich nicht um eine nette Vorstellung, sondern eine wichtige Tatsache.

Welche Art von Informationen – *lebensfördernde* oder *lebensvernichtende* – in einem Lebensmittel stecken, ist leicht zu erahnen. Nehmen wir einen Bio-Apfel und ein Weißbrot. Was ist nötig, um einen Apfel zu ernten und welche Schritte durchlebt ein Weissbrot? Oder anders gefragt, wie stark wurden die ursprünglichen Informationen, die in den genannten Lebensmitteln vorhanden sind verändert, bis wir das Endprodukt konsumieren?

Je naturbelassener ein Lebensmittel, desto lebensfördernder die darin enthaltende Information. Prozessierte, mit künstlichen Binde- und Füllmitteln, Konservierungsstoffen und Aromen (allesamt Informationen) angereicherte Nahrungsmittel hingegen, entsprechen vielmehr einer verschmutzten Kloake.

Aber viele Menschen konsumieren sie dennoch viel zu oft. Allen voran *stärkehaltige Kohlenhydrate* (Weissmehl, Brot, Pasta, Pizza, Kartoffeln, Reis, Zucker, usw.). Ein Übermass wird nicht nur in Fett umgewandelt, sondern der Körper übersäuert und die Blutzuckerschwankungen führen zu Energietiefs.

In der Ernährung führen viele Wege nach Rom. Ich selber befolge einige *Faustregeln,* um meine Energie und mein Wohlbefinden in jeder Hinsicht hochzuhalten:

- Ich verzichte auf die Einnahme stärkehaltiger Kohlenhydrate (Weissmehl, Brot, Pasta, Pizza, Kartoffeln, Reis, Zucker) und konzentriere mich lieber auf komplexe Kohlenhydrate (Linsen, Süsskartoffeln, Kichererbsen, Gemüse, etc.).
- Ich achte auf eine sehr hohe Menge an pflanzlichen Nährstoffen (sehr viel Gemüse, jeden Tag 1 - 3 Früchte in Verbindung mit pflanzlichem Eiweiss, z.B. Nüsse oder Quarkalternative (aber keine Fruchtsäfte, da z.T. sehr viel Zucker und wenig von der ursprünglichen Frucht enthalten ist).
- Grossen Wert lege ich auf ausreichend pflanzliches Eiweiss (z.B. Linsen, Kichererbsen, Gemüse (vor allem grünes Gemüse), Nüsse, Samen (Chia, Son-

nenblumenkerne), Lupine, um einige Beispiele zu nennen) sowie gesunde Fette.

- Ich versorge meinen Körper täglich mit *hochwertigen, natürlichen* Vitalstoffen (Vitamine, Mineralstoffe, Spurenelemente und Ballaststoffe). Denn auch ein Haufen Bio-Gemüse und Obst liefern heute nicht die Mengen, die wir für ein bewusst lebendiges Leben benötigen.

Welche Faustregeln befolgst du, um dich jeden Tag energiegeladen, klar und wohl zu fühlen?

Sich bewusst zu ernähren und dabei auf ein paar einfache Faustregeln zu achten, steigert nicht nur die tägliche Energie, sondern erzeugt eine neue Leichtigkeit und Lebendigkeit.

Das inspiriert mich zu:

Kapitel 8

Sei mutig. Du schaffst das!

Du hast alles, was du brauchst, um jetzt den Mut zur Veränderung zu fassen. Veränderungen passieren nicht immer von heute auf morgen, noch bedeuten sie, dass du alles auf den Kopf stellst. Beginne mit kleinen, aber kontinuierlichen Schritten. Wähle eine, zwei oder auch drei Gewohnheiten aus diesem Buch und übe dich solange darin, bist du sie meisterst. Danach gehst du zu den nächsten Gewohnheiten weiter. Nun, ich bin mir durchaus bewusst, dass dies nicht das einzige und letzte Buch ist, dass du lesen wirst. Und wenn du zum Durchschnitt zählst, wirst du die besprochenen Gewohnheiten entweder nie oder nur für kurze Zeit anwenden, bevor dich deine Suche nach Lösungen weitertreibt. Jetzt bist du sensibilisiert und offen für diesen wichtigen Hinweis:

Erfolg passiert nicht durch das einmalige Anwenden einer Gewohnheit. Erfolg ist die Folge *täglicher* Schritte, die wir *wiederholt* und *konsequent* anwenden.

Viele Menschen suchen nach einer Abkürzung und sie trifft keine Schuld. Denn viele "Experten" preisen sich als "Übernacht-Erfolg" oder Kenner des schnellsten und einfachsten Wegs zum Erfolg an. Ich möchte ihnen nicht Unrecht tun, sondern eine wichtige Lektion für dich ableiten. Erfolgreiche Menschen arbeiten in der Regel bewusster und sorgfältiger als weniger erfolgreiche und haben enorm hohe Level an Ausdauer. Natürlich gibt es Menschen, die ihren Erfolg auf andere Weise erreicht haben, aber das ist für die meisten uninteressant. Denn wie du dich erinnerst, sprechen wir nicht von Erfolg in einem Bereich des Lebens, sondern Erfolg, der auf einer gesunden Balance aufbaut. Die grosse Mehrheit muss wie alle anderen Überflieger für sich und ihren Erfolg einstehen, ausdauernd darauf hinarbeiten und durch Rückschläge persönlich wachsen. In uns existiert eine Kraft, die größer ist als wir und die uns bedingungslos liebt und annimmt. Während Tiefschlägen schöpfen wir automatisch aus ihr, sobald wir innerlich aufgeben. Doch wir müssen nicht erst aufgeben, sondern für den langanhaltenden Erfolg ist es entscheidend, weiterzugehen und sich auch in guten Zeiten damit zu verbinden. Es spielt keine Rolle, wie deine Vergangenheit aussieht, was du erreicht oder verpasst hast. Diese Kraft ist ein Teil von dir und empfängt dich immer mit offenen Armen. Nutze sie für deinen Durchbruch.

Mut zur Veränderung bedingt, dass wir die Dinge *vereinfachen.* Wir brauchen nicht mit dem ersten Schritt die Welt zu retten, sondern können klein beginnen. Klein beginnen ist nicht mit klein denken zu verwechseln. Denke groß, schöpfe aus

deiner inneren Kraft und beginne mit kleinen und kontinuierlichen Schritten.

Im Leistungssport ist diese Taktik entscheidend. Während einem 500 Meter Sprint-Kajak Rennen waren meine Muskeln nach spätestens 300 Metern total übersäuert. Das war ein kritischer Punkt, an dem zwei grob fahrlässige Fehler passieren konnten. 1. Ich habe zu unseren Konkurrenten hinüber geschaut. 2. Ich habe meinen Fokus weg vom Moment auf das Ziel gelenkt. Die Erfolgsstrategie hingegen war, mich voll und ganz *auf den Moment* zu konzentrieren und einen Paddelschlag nach dem anderen so effektiv wie möglich durchs Wasser zu ziehen. Was damals für mich im Leistungssport funktionierte, lässt sich auch auf das Leben übertragen. Mach einen Schritt nach dem anderen. Beginne damit, *mutig zu sein und zu vertrauen, dass du es schaffst!*

Den ersten Schritt, den ich jetzt umsetzen könnte, ist:

Deine nächsten Schritte

Ich möchte, dass du vom Inhalt dieses Buches profitierst und zu den 2% gehörst, die nicht nur ihren Mut zur Veränderung fassen, sondern auch ins Handeln kommen. Die Übungen in diesem Buch sind der Anfang, doch was bestimmt deine Erfolgswahrscheinlichkeit? Kennst du die Antwort? Ich zeige es dir anhand einer einfachen Formel:

(Fähigkeit + Wissen) x Persönlichkeitsentwicklung = Erfolgswahrscheinlichkeit[5]

Ohne Fähigkeit und Wissen wirst du in deinem Bereich nicht zu den Erfolgreichsten zählen. Doch der *wirkliche Multiplikator* ist die Entwicklung deiner Persönlichkeit. Hier ein Beispiel: Wenn jemand seine Fähigkeit und sein Fachwissen als 8 von 10 bewertet und seine Persönlichkeitsentwicklung als 2 von 10 einstuft, ergibt die Summe 32. Eine andere Person, deren Fähigkeit und Wissen nur bei 6 von 10 Punkten liegen, aber die bei der Persönlichkeitsentwicklung mit 6 von 10 abschneidet, erhält eine Summe von 72. Obwohl die Fähigkeit und das Wissen im Vergleich zum ersten Beispiel geringer abschneiden, ist die Erfolgswahrscheinlichkeit um 125% höher! Vielleicht fragst du dich, wie du deine Persönlichkeitsentwicklung gezielt *vorantreiben kannst*. Beginne, indem du *jeden* Tag voller Freude und Dankbarkeit lebst, mutig handelst und zu einer noch besseren Person wirst.

Überwinde deine Grenzen Onlinekurs

Frage dich, welche Grenze du sofort überwinden würdest, wenn du wüsstest wie! Sicherlich bist du neugierig, was sich dadurch für dich verändern würde. Grenzen existieren nur in unseren Köpfen und es ist Zeit sie hinter uns zu lassen. Wir wissen, dass leider viel zu viele Menschen am Überwinden ihrer Grenzen scheitern, weil sie die nötigen Schritte nicht kennen oder nicht gezielt umsetzen. Denke an all die wundervollen Dinge, die sie dadurch verpassen.
Im Überwinde deine Grenzen Onlinekurs erfährst du, wie du Grenzen mit mehr Leichtigkeit überwindest. Sei es, dass du schon unzählige Grenzen überwunden hast oder vor deiner ersten grossen Hürde stehst. Wäre es nicht fantastisch, wenn dir das endlich gelingt? Was würde sich in deinem Leben verändern und was wäre alles möglich, wenn du beliebige Grenzen überwinden könntest? Du stimmst sicherlich überein, dass es Zeit ist, sie hinter dir zu lassen. Das ist genau darum. Wenn du den Onlinekurs bestellst, erfährst du viele Geheimnisse. Du lernst nicht nur die 4 Phasen der Grenzüberwindung kennen, sondern du erhältst kraftvolle Werkzeuge, mit denen dir das immer gelingen kann.

Ich bin neugierig, ob du bereits erkannt hast, dass du diese Schritte entdeckst, wenn du dir jetzt Zugang zum Überwinde deine Grenzen Kurs verschaffst.

https://lukastobler.com/kurse/ueberwinde-deine-grenzen

Überwinde deine Grenzen Workshop

Wir wissen, dass das Herz aller Menschen für eine ganz bestimmte Sache brennt, die sie so sehr verwirklichen möchten. Ich weiss du denkst jetzt: „Und doch verbannt die Mehrheit ihr Herz auf den Rücksitz, weil sie sich einreden, dass ihr Leben doch auch gut sei, wie es jetzt ist." Du hast Recht. Du weisst es noch nicht, doch genau hier liegt der Haken begraben. Bald wirst du spüren, dass auch du genau deswegen Angst hast Veränderungen vorzunehmen und lieber abwartest, weil du befürchtest, dass du der nächsten Ebene deines Lebens nicht gewachsen bist.

Ich bin neugierig, ob du bereits bemerkt hast, dass du also lieber weiterhin in deiner Komfortzone bleibst, wo alles gewohnt und sicher scheint. Aber du spürst da ist keine Sicherheit. Und du merkst immer mehr, dass das Gefühl von Erfüllung in dieser Box fehlt. **Hier ist ein Fakt:** Herzenswünsche sind wichtig. Und Herzenswünsche, die nicht gelebt werden, bringen uns aus der Balance. Natürlich siehst du ein, dass dies stimmt und du beginnst immer mehr zu erkennen, dass du es nicht so weit kommen lassen möchtest. Während du jedes Wort aufmerksam durchliest, beginnst du dir vorzustellen, wie dein Leben aussehen würde, wenn du deine Ängste und Zweifel überwindest und deinem Herz folgst. **Je weiter du liest, desto mehr wirst du verstehen, was dich bis jetzt davon abgehalten hat und wie du am Überwinde deine Grenzen Workshop endlich durchstarten kannst.**

Wenn du am Überwinde deine Grenzen Workshop teilnimmst, wirst du offensichtlich profitieren, denn du lernst nicht nur ein Modell für deinen Durchbruch kennen; Du wirst es praktisch anwenden, um gezielt voranzukommen. Wahrscheinlich hast du schon erkannt, dass diese Mischung aus neuen Perspektiven und praktischer Umsetzung diesen Workshop zu einem energievollen Erlebnis machen. Weil es geht nicht um einen vorübergehenden Motivationsschub, sondern um **deine Ängste** und wie du sie wirklich **überwindest,** damit du aus deiner **Komfortzone ausbrechen** und **deine Herzenswünsche** leben kannst. Wie du ein- und ausatmest stellst du dir vor, wie wundervoll dein Leben dadurch aussehen könnte. Und ab jetzt zeigt dir dein Unterbewusstsein immer klarer, dass du diese Chance nutzen möchtest.

Wenn du am Überwinde deine Grenzen Workshop teilnimmst, wirst du erfahren, warum so viele Menschen begeistert davon sind und es an ihre Freunde weiter erzählen. Eine Teilnehmerin befreite sich von einer Angst, die sie für mehr als 8 Jahre lang jeden Tag stark einschränkte. Du spürst die Begeisterung.

Und nun darfst du dich entscheiden, ob du weiterhin ein Leben in der Angst führst oder deinem Herz folgst. Die richtige Entscheidung ist, dass du dir erlaubst, deine Grossartigkeit zum Ausdruck zu bringen. Als Reaktion auf das, was ich dir hier sage, fühlst du dich immer entschlossener, am Workshop teilzunehmen und deine Herzenswünsche zu verwirklichen. Äpfel küssen. Melde dich jetzt zum Workshop an.

https://lukastobler.com/workshop

Das könnte dich auch interessieren:

Überflieger Episoden:

Abonniere meinen **YouTube Kanal**, damit du dir meine wöchentlichen Videos anschauen kannst. In den wöchentlichen Episoden teile ich **praktische Ideen**, wie du die Grossartigkeit in dir immer mehr zum Ausdruck bringen kannst.
Gehe auf https://tinyurl.com/y7re2y9v

Tägliche Inspiration:

Folge mir auf Instagram:
https://www.instagram.com/lukastobler/

Folge mir auf Facebook:
https://www.facebook.com/ToblerLukas/

Gratis E-Books:

Womöglich kann dich auch eines meiner E-Books auf deinem Weg unterstützen:

https://lukastobler.com/e-books

Meine Geschichte beginnt auf der Schweizer Seite des Bodensees, wo ich aufgewachsen bin und mit 11 Jahren mit dem Kanurennsport begann. Mein Hobby entwickelte sich rasch zu meinem Lebensmittelpunkt. Das regelmässige Training zahlte sich aus und ich gehörte bereits nach wenigen Jahren zu den besten Schweizer Kanufahrern. Im Laufe meiner Karriere war ich unzählige Male Schweizermeister und erreichte im Zweier-Kajak 2001 die Top 10 der Welt-

Elite. Trotz dieser Erfolge erlebte ich 2005 einen schweren Tiefpunkt, der mich an meine persönlichen Grenzen brachte.

Erst im Nachhinein habe ich verstanden, dass mein Tiefpunkt zugleich ein Wendepunkt, nämlich der Beginn eines bewussteren Lebens jenseits des Sports war. Ich habe nicht nur begonnen, innere Klarheit zu gewinnen und meine Ängste zu überwinden, sondern auch meine Lebensaufgabe und mein Potenzial zu leben.

Nach meinem äusserst erfolgreichen Abschluss als Physiotherapeut führte mich mein Weg in eine völlig andere Richtung. Zusammen mit einem bekannten amerikanischen Chiropraktiker, Bewusstseinstrainer und Bestseller-Autor leitete ich mehrtägige Seminare rund um die Welt und durfe weit über 10.000 Menschen in der Bewusstseinserweiterung unterrichten. Das war der Anfang.

Nach einigen Jahren war mir klar, dass ich meinen eigenen Weg und meine eigene Bühne betreten möchte. Es war der Beginn meiner fortwährenden Reise.

Viele fragen mich, warum ich diesen Weg wähle.

Meine Antwort ist immer dieselbe: Weil ich an das menschliche Potenzial glaube und Überflieger liebend gerne beim Entfalten ihrer Grossartigkeit auf ihrem Weg begleite. Das Überwinden von Ängsten spielt dabei ebenso eine wichtige Rolle wie das Erlangen von mehr Klarheit, Energie, Selbstvertrauen, Produktivität und Einfluss.

In der heutigen Zeit reichen Wissen und Fähigkeiten nicht länger aus, um ein rundum erfolgreiches und erfülltes Leben zu führen. Auch Millionen befreien uns nicht automatisch von existenziellen Sorgen. Es dreht sich alles um das persönliche Wachstum: das Vertrauen in sich und das Leben, die erhöhte Achtsamkeit, das souveräne Gefühlsmanagement, die richtige innere Haltung und eine tiefe Sinnhaftigkeit ermöglichen uns, in eine neue Dimension des (Da)Seins zu gelangen. Das wurde mir während meinem Tiefpunkt deutlich vor Augen geführt. Meine Verzweiflung und die Tatsache, dass mir niemand helfen konnte entfachten ein enormes Verlangen in mir, mich weiterzuentwickeln. Dafür brenne ich noch heute, denn die gezielte Persönlichkeitsentwicklung hat mich mit einem zweiten Leben beschenkt.

Überwinde deine Grenzen!

Lukas
TOBLER

www.lukastobler.com
https://lukastobler.com/buch

Danksagung

Ein Buch ist mehr als der Schreibaufwand des Autors und würde ohne das direkte und indirekte Mitwirken anderer nicht entstehen. Ich bin zutiefst dankbar dafür. Allen voran fühle ich eine grosse Dankbarkeit für die göttliche Schöpferkraft, ohne die der Inhalt niemals durch mich zu meinen Lesern gefunden hätte. Ich danke Alma, Samsara und Kimon. Ein ganz besonderes Dankeschön gilt meinem Geschäftspartner Hari. Unsere Zusammenarbeit ist zutiefst bereichernd und inspiriert mich jeden Tag neu. Danke auch an den Rest meines Teams, das mich tatkräftig unterstützt und an meine Vision glaubt: Simon, Lea, Tim und Larissa. Ich danke Wolfgang Heyl und Wolfgang Frick, die mir wichtige Impulse gegeben haben. Dasselbe gilt für Hülya Adiyaman und alle übrigen, die ihre Stimme zum Buch abgegeben haben: Charlotte Wüst, Marion Wenning, Dana Maiterth, Ulrike Trapp und Peter M. Hache. Dana, von Herzen danke für die gelungenen Fotos. Peter, danke für deine Energie und Unterstützung. Mein Dank geht auch an meine Eltern, Rosi Auer, Denise Fink, Ioannis Galimpas, Dave Cattle, Michael Bieter und Stefan Meier. Danke für deine texterischen Tipps. Die Liste könnte beliebig fortgeführt werden und sollte ich irgendjemanden vergessen haben, du weisst, dass ich dich schätze. Ein ganz besonderes Danke geht an all meine Leser, Klienten und alle, die meine Arbeit und Vision unterstützen. Ohne euch wäre all dies nicht möglich. Ich danke euch von ganzem Herzen.

Quellenverzeichnis

(1) Dan Millman: „Way of the Peaceful Warrior: A Book that Changes Lives“, HJ Kramer, Tiburon, CA:1984, S. 1131

(2) Denke nach und werde reich, Napoleon Hill, Droemersche Verlagsanstalt Th. Knaur Nachf. München, 1989

(3) Das seltsamste Geheimnis, Earl Nightingale

(4) Der geförderte Schlafmangel, https://www.google.de/amp/m.fr.de/wissen/gesundheit-der-gefoerderte-schlafmangel-a-373085.amp.html

(5) Peter Thomson, The Best-Kept Secrets of the World´s Great Achievers Audioprogramm